HOMENS NÃO OUVEM, MULHERES FALAM DEMAIS

CB030627

JANE SANDERS

HOMENS NÃO OUVEM, MULHERES FALAM DEMAIS

O Enigma da Comunicação
entre os Sexos

Tradução
EIDI BALTRUSIS C. GOMES

EDITORA CULTRIX
São Paulo

Título original: *GenderSmart®*.
Copyright © Jane Sanders, 2002. Revisado 2004, 2006.
Todos os direitos reservados. Nenhuma parte deste livro pode ser reproduzida ou usada de qualquer forma ou por qualquer meio, eletrônico ou mecânico, inclusive fotocópias, gravações ou sistema de armazenamento em banco de dados, sem permissão por escrito, exceto nos casos de trechos curtos citados em resenhas críticas ou artigos de revistas.

A Editora Cultrix não se responsabiliza por eventuais mudanças ocorridas nos endereços convencionais ou eletrônicos citados neste livro.

Dados Internacionais de Catalogação na Publicação (CIP)
(Câmara Brasileira do Livro, SP, Brasil)

Sanders, Jane
Homens não ouvem, mulheres falam demais : O enigma da comunicação entre os sexos (Gendersmart®) / Jane Sanders ; tradução Eidi Baltrusis C. Gomes. — São Paulo: Cultrix, 2008.

Título original: Gendersmart®.
Bibliografia.
ISBN 978-85-316-1026-4

1. Comunicação – Diferença entre sexos 2. Comunicação interpessoal 3. Homem-mulher – Relacionamento I. Título

08-08846   CDD-306.7

Índices para catálogo sistemático:
1. Homens e mulheres : Relacionamento : Sociologia 306.7
2. Relacionamento : Homens e mulheres : Sociologia 306.7

O primeiro número à esquerda indica a edição, ou reedição, desta obra. A primeira dezena à direita indica o ano em que esta edição, ou reedição, foi publicada.

Edição   Ano
3-4-5-6-7-8-9-10-11-12   11-12-13-14-15-16-17

Direitos de tradução para o Brasil
adquiridos com exclusividade pela
EDITORA PENSAMENTO-CULTRIX LTDA.
Rua Dr. Mário Vicente, 368 — 04270-000 — São Paulo, SP
Fone: (11) 2066-9000 — Fax: (11) 2066-9008
E-mail: atendimento@editoracultrix.com.br
http://www.editoracultrix.com.br
que se reserva a propriedade literária desta tradução.
Foi feito o depósito legal.

Para os meus pais,
Paul e Mary Dickerson – meus maiores admiradores, que inculcaram em mim persistência, coragem, determinação e esperança. A eles envio meu amor e gratidão, imutáveis, imensuráveis e sempre presentes.

Agradecimentos

Sinto uma infinita gratidão e amor por: Talley e Ray, porque forneceram o conhecimento e a magia eqüina para fomentar o meu crescimento e metamorfose; Leslie, Susie, Carla, Kathy, Carey, Barbara, Jo-Ann e muitos outros familiares e amigos queridos por estarem sempre ao meu lado e acreditarem em mim; Jodi por seu estímulo e aconselhamento mútuo, e Betty, por sua amorosa e gentil orientação e fé no meu sucesso. Também, para sempre em meu coração e fazendo parte de mim, estão Beau, Duke, L.T., Bo, Shayna, Breeze, Lady, Dusty, Jasmine, Little Lady, Comet, Princess, Pookie e Pebbles.

Juntos para Sempre

Juntos para sempre homens e mulheres estarão.
A chave é aceitar esse fato com alegria e gratidão.
Fique atento às nossas diferenças, no íntimo e no físico,
Tente compreender e respeitar aquilo que em cada um é único.

Natureza e criação nos deram maneiras completamente díspares
De falar e de nos comportar, mas elas deixam de nos parecer ímpares.
Porém, diferenças não são erradas ou certas, ruins ou adequadas.
Apenas encantadoras diversidades a serem aprendidas e assimiladas.

Portanto, seja positivo e justo, e deixe a ofensa de lado.
Permita que a flexibilidade e as boas intenções sejam seu fiel aliado.
Todos somente querem ser reconhecidos e valorizados.
Por isso, ame-os a todos e dê fim à nossa batalha dos sexos,
agora unificados.

Jane Sanders © 2000

Sumário

Introdução 15
Como podemos resolver a questão? 16
Por que comunicação entre os sexos? 17
Aqui está o que você vai aprender 19
Claro que existem exceções 21

Capítulo 1: Estereótipos: pressupostos e julgamentos 23
Experimente fazer este exercício 26
O que se pode concluir? 29
Estereótipos são apenas estereótipos 30

Capítulo 2: Diferenças biológicas 31
Biologia e comunicação? 39

Capítulo 3: Diferenças sociais 47
Atributos sociais baseados no sexo 50
Infância e mensagens sociais 54
Nós SOMOS diferentes! 58

11

Capítulo 4: Diferenças nos estilos de comportamento 61
   Comportamentos aprendidos e inatos 63
   Independência *versus* consenso 65
   Competição e status *versus* conexão e harmonia 66
   Respeitar *versus* gostar 69
   Stress – silêncio *versus* verbalização 69
   Laços afetivos – estilos 70
   Raiva *versus* lágrimas 71
   Pedidos de ajuda 73
   Conflito – confrontar *versus* evitar 74
   Concisão *versus* prolixidade 74
Capítulo 5: Diferenças de percepção na comunicação: 77
   Menos discussão dos problemas 81
   Falar para resolver 82
   Abordagem objetiva, concentração 83
   Menor apoio emocional 85
   Ouvem em silêncio 87
   Menor contato visual 89
   Humor agressivo 92
   Espaço equivale a poder 94
   Decisões independentes 95
   "Faça isto!" 95
   Comentários condescendentes 96
Capítulo 6: Diferenças de percepção na comunicação: 103
   Decisões baseadas no consenso 107
   Linguagem inclusiva 109
   Divulgação da própria imagem 110

Discussão de problemas e sentimentos 114
Como lidam com o conflito 116
Ouvir ativamente 119
Perguntas após uma afirmação 119
Pedidos de desculpas e frases que eximem a pessoa de responsabilidade 120
Pedidos indiretos 122
Expressão das emoções 126
Capítulo 7: As virtudes da flexibilidade 129
Capítulo 8: Pontos-chave e sugestões 137
Capítulo 9: Pratique! 147

Bibliografia 172

Introdução

"Homens e mulheres, mulheres e homens.
Nunca dará certo."
Erica Jong

Algumas dessas queixas lhe parecem familiares? Os homens são insensíveis. As mulheres são muito emotivas. Os homens não ouvem. As mulheres falam demais. Os homens interrompem a conversa. As mulheres são indecisas. Os homens não valorizam as opiniões femininas. As mulheres não compreendem uma brincadeira. Os homens não oferecem detalhes suficientes. As mulheres são manipuladoras. E assim por diante.

Essas queixas certamente caem na categoria de estereótipos. Contudo, no caso das diferenças entre os sexos, os estereótipos derivam de generalidades. Em geral, as mulheres são mais emotivas que os homens e, em geral, parece que os homens ouvem menos do que as mulheres. Mas quando as diferenças causam idéias e interpretações equivocadas as queixas representam apenas uma pequena parcela do problema.

Os sexos estão saturados de muitas diferenças, e são até mesmo definidos por elas. Diferenças estereotipadas, evolutivas, biológicas e sociais, para citar algumas. Se ignorarmos essas diferenças bastante reais e nos convencermos de que elas não existem (mesmo que por razões nobres como apoiar o movimento de igualdade das mulheres), apenas faremos com que a nossa capacidade de lidar positivamente com elas diminua. Não é de surpreender que exista "um abismo entre os sexos", especialmente no que se refere à comunicação.

É possível criar uma ponte sobre esse abismo ou solucionar o verdadeiro quebra-cabeça da comunicação, e certamente espera-se isso, à medida que mais mulheres criam novas empresas, galgam postos dentro da hierarquia corporativa e buscam relacionamentos românticos baseados na igualdade. Os benefícios de uma comunicação melhor entre homens e mulheres no ambiente profissional são numerosos, incluindo-se medidas melhores de recrutamento e retenção de funcionários, um trabalho em equipe mais eficaz, resultados de vendas superiores, clientes mais satisfeitos, funcionários mais contentes na realização das tarefas, aumento de harmonia, stress mais baixo e até mesmo um menor número de problemas ligados ao assédio sexual.

Benefícios de uma comunicação mais perfeita fora do trabalho – com cônjuges, companheiros, filhos, amigos e outros – incluem menos conflito e tensão, mais harmonia e relacionamentos mais bem-sucedidos e agradáveis.

Como podemos resolver a questão?

O que podemos fazer para aumentar a eficácia de nossa comunicação com pessoas do sexo oposto ou aquelas que se valem do estilo de comunicação do sexo oposto? Assim como acontece com a maioria das questões de diversidade, a solução se baseia, fundamentalmente, na consciência dos problemas e na sua compreensão e aceitação.

De acordo com Aaron Kipnis, diretor adjunto do Gender Relations Institute, de Santa Barbara, Califórnia, os programas destinados a combater o assédio sexual aumentaram o medo e a ansiedade, inibiram a espontaneidade e a comunicação, distanciando homens e mulheres. Kipnis sugere enfaticamente um abandono desse tipo de treinamento com base na reação, transformando-o num treinamento mais proativo e inclusivo, que irá estimular a compreensão mútua. Eu mesma não poderia ter expressado essa idéia melhor.

O fato de evitar questões de comunicação baseadas no gênero comumente resulta de uma inocente ignorância. A maior parte dos homens não é tão voltada para os relacionamentos quanto a maior parte das mulheres, e por isso eles não percebem problemas de comunicação tão prontamente quanto as mulheres. Uma vez que os homens ainda detêm muitos dos cargos mais importantes nas empresas, as questões relacionadas aos sexos não têm sido adequadamente abordadas.

Segundo minha experiência, muitos dos problemas de produtividade e trabalho em equipe são provocados pelas diferenças entre os estilos de comunicação dos dois sexos, mas esse fato ainda não é reconhecido. As pessoas rotulam umas às outras sem pensar, simplesmente porque não percebem essas diferenças e o modo como elas influenciam a comunicação.

Ao nos familiarizarmos com as diversas diferenças entre homens e mulheres, de uma maneira não ameaçadora e agradável, além de compreendermos que essas diferenças são positivas e que nenhum estilo próprio a um sexo é certo ou errado, eliminamos muitos problemas de comunicação. Comportamentos e estilos de linguagem diferentes desencadeiam percepções imprecisas e mal-entendidos entre os sexos. O reconhecimento desse fato ajuda a percorrer uma longa distância no sentido de uma melhor comunicação.

Por que comunicação entre os sexos?

O tópico das diferenças entre os sexos sempre me agradou e esteve muito presente na minha vida. Por quê? Em primeiro lugar, tenho dois irmãos. Enquanto crescíamos nunca pude compreendê-los. Eles me pareciam muito inconsistentes quanto à sua afeição e comunicação. Num minuto me ajudavam a capturar um sapo, no seguinte, socavam-me o braço quando eu, sem suspeitar, passava por um canto da casa.

Depois, na adolescência, entrei no mundo dos relacionamentos românticos. Foi quando realmente me defrontei com o enigma e aprendi o significado da confusão ao tentar comunicar-me. Meus sentimentos eram feridos regularmente. Sentia como se constantemente precisasse decifrar meu namorado, tentando compreender de onde ele vinha. Ele estaria bravo e tentava me evitar ou estaria apenas temporariamente distraído? Contudo, em nosso encontro seguinte, ele iria achar que nada havia de errado conosco. De fato, ele nem se lembrava da conversa que tivéramos. Como ele poderia não se lembrar de ter dito *aquilo*?! Socorro!

Após me formar e receber o mestrado em administração de empresas, mergulhei na vida empresarial como gerente de marketing de uma grande empresa de alimentos, que fazia parte da Fortune 500. Durante algum tempo fui a única mulher na minha divisão. Diferenças de comunicação entre os sexos eram enormes, mas naquela época havia mais coisas em jogo – como o meu emprego. Para aumentar as minhas chances de sucesso, comecei a prestar atenção às nuances. Eu precisava levar o quebra-cabeça mais a sério e descobrir como resolvê-lo para vencer as adversidades e ser promovida.

No final dos anos 80, vivenciei duas mudanças importantes: divórcio e uma transferência para o setor de vendas na indústria de design gráfico, cujo público-alvo eram executivos de marketing da Fortune 500. A maioria dos meus clientes em potencial eram homens. Meu interesse pelas diferenças entre os sexos na comunicação cresceu vertiginosamente. Eu queria compreender essas diferenças por razões profissionais e pessoais. Meu interesse se tornou minha missão. Eu lia tudo que me caísse nas mãos. Por isso não é de surpreender que a comunicação entre os sexos tenha passado a ser meu tópico favorito quando iniciei meu trabalho profissional como oradora e orientadora em 1993.

Desde então fiz muitos workshops e palestras sobre o assunto em numerosas empresas e associações comerciais por todo o país. Esse programa tem recebido excelentes críticas, de maneira consistente. Ele é bem-sucedido devido a dois fatores: as pessoas aprendem muito mais do que esperavam e se divertem mais do que esperavam. O programa é esclarecedor, alegre, educativo, serve como alerta e não agride os homens. Este livro tem a mesma abordagem e estilo. Continue a leitura!

Aqui está o que você vai aprender

1. Você vai aprender como os estereótipos afetam sua visão de homens e mulheres, tenham eles um estilo de comunicação predominantemente masculino ou feminino.
2. Examinaremos como a sua atitude a respeito das diferenças entre os sexos afeta a produtividade de sua comunicação. Muitas mulheres não se sentem à vontade ao chamar atenção para suas diferenças. Elas acham que se fizerem isso estarão contribuindo para os desníveis salariais e para o telhado de vidro; além disso, farão com que os homens resistam às mulheres como colegas em posição de igualdade e como superiores. Entretanto, o fato de negar aquilo que somos e ignorar as nossas diferenças irá apenas nos deixar paralisadas no enigma da confusão. A questão é, *nós não somos a mesma coisa – mas somos iguais*. Compreender e mesmo celebrar as nossas diferenças nos ajudarão a aprender a trabalhar juntos mais eficientemente.
3. Você irá aprender sobre as diferenças biológicas e sociais entre homens e mulheres, e como elas influenciam enormemente a comunicação. Somos estruturados de forma diferente, por dentro e por fora – não é de admirar que nos comuniquemos diferentemente! Por exemplo, a parte inferior do cérebro de uma mulher é maior do que a de um

homem, e é aí que estão armazenadas as emoções e as capacidades verbais.

As mulheres geralmente sentem e expressam emoções com mais intensidade que os homens, por isso estes com freqüência acham as mulheres emotivas "demais". Na realidade, as mulheres podem parecer *mais* emotivas porque têm maior acesso aos próprios sentimentos; de fato, elas sentem muitos deles com mais intensidade e os expressam mais prontamente, mas isso não significa que sejam *excessivamente* emocionais. Os homens podem ser *mais* agressivos em decorrência dos níveis mais elevados de testosterona, porém isso não se traduz necessariamente numa agressividade *excessiva*.

4. Iremos comparar diferenças nos estilos de comportamento. Você verá muitos estilos gerais, que homens e mulheres usam. Alguns desses estilos se opõem uns aos outros, e essa oposição leva a problemas de comunicação e ao conflito... ou são considerados um verdadeiro quebra-cabeça.

5. Depois iremos nos aprofundar nas diferenças específicas de comunicação e em como elas causam mal-entendidos e percepções errôneas entre os sexos. É aqui que reúno todas as informações precedentes de uma maneira profunda.

Você aprenderá que tem interpretado incorretamente pessoas com o estilo do sexo oposto e, ao mesmo tempo, que pode estar *sendo mal interpretado* por elas. A simples compreensão dessas diferenças representa metade da batalha, mas você também aprenderá como lidar com alguns conflitos específicos e comuns de comunicação.

Por exemplo, durante centenas de milhares de anos os homens foram responsáveis pela caça, pela construção e proteção — basicamente salvavam vidas. Por essa razão, e outras abordadas neste livro, os homens em geral tendem a ser mais breves e focados na solução, e menos orientados para os detalhes que as mulheres. Eras se passaram sem que eles tivessem tempo para detalhes.

A maioria das mulheres é voltada para pormenores. Elas se ligam a outras pessoas por meio de conversas e partilha. Portanto, quando os homens não dão muitos detalhes, as mulheres acham que eles estão, intencional e rudemente, ocultando informações, fazendo algum tipo de jogo de poder. Não necessariamente. Trata-se somente de uma diferença de estilo. Discutiremos em profundidade muitas diferenças como essa e os mal-entendidos e conflitos que elas causam.

"*Todos são criados com a mesma massa, mas não são assados no mesmo forno.*"

Provérbio judaico

Claro que existem exceções

As generalizações, por definição, não são verdadeiras para todos os membros de um grupo. Inquestionavelmente existem diversas diferenças culturais, geográficas e mesmo geracionais que afetam as diferenças discutidas no presente livro. Veja a seguir dois exemplos de diferenças culturais de comunicação: os homens latinos naturalmente se aproximam bastante das pessoas com quem falam, ficando muito mais perto do que a maioria dos norte-americanos caucasianos consideraria ideal. E muitos asiáticos, de ambos os sexos, não fazem contato visual com tanta freqüência quanto a maioria das mulheres ocidentais.

Pense neste livro como uma boa base de informações e saiba que você se verá, e verá outras pessoas, usando estilos de comunicação tanto masculinos quanto femininos. E isto é perfeito. Todos somos uma mescla de ambos! Contudo, muitos de nós não percebem esse fato, e inadvertidamente se envolvem em conflitos e confusão porque não compreendem a maneira pela qual são percebidos pelos outros. Ao mesmo tempo interpretamos erroneamente as pessoas cujos estilos diferem dos nossos, tornando difícil encaixar as peças do quebra-cabeça.

Você pode achar que já ouviu tudo o que podia sobre esse assunto, porém eu lhe prometo, você aprenderá e lhe serão lembradas coisas neste livro que o ajudarão a melhorar seu tipo de comunicação com homens e mulheres igualmente. Você se tornará consciente não apenas das diferenças, mas do porquê de elas existirem e também de como compreender e trabalhar com elas.

No ambiente profissional, essa consciência e compreensão conduzem a uma produtividade superior, um trabalho de equipe mais forte, vendas mais elevadas, um serviço ao cliente mais efetivo, resultados melhores em termos de recrutamento e seleção, aumento da confiança, satisfação no emprego e redução do stress. Em casa, elas permitem menos conflito e mais harmonia e contentamento. Vamos começar.

"Se não conseguirmos acabar agora com as nossas diferenças, poderemos pelo menos ajudar a tornar o mundo um lugar seguro para a diversidade."

John F. Kennedy

CAPÍTULO

1

ESTEREÓTIPOS: PRESSUPOSTOS E JULGAMENTOS

"Se você julgar as pessoas, não terá tempo para amá-las."
Madre Teresa

Cada um de nós acredita, até certo ponto, em alguns dos velhos estereótipos de gênero, especialmente se esses estereótipos forem encarados como descrições inocentes de tendências gerais de comportamento. Independentemente do significativo progresso em questões de diversidade, que vem sendo obtido pela força de trabalho como um todo, estereótipos de algum tipo sempre irão existir. O aspecto importante a ser lembrado é que a simples presença de estereótipos relacionados a homens e mulheres não constitui um problema. As dificuldades ocorrem quando os estereótipos são usados, ainda que subconscientemente, para prejulgar a capacidade e a competência das pessoas, e desenvolver expectativas injustas e incorretas. Quando isso acontece, a comunicação efetiva, e ao mesmo tempo os relacionamentos produtivos, são colocados em risco, ficando sujeitos ao fracasso.

Se uma funcionária expressar frustração ao chorar no local de trabalho, os colegas silenciosamente duvidarão de sua competência? Quando um consultor administrativo interrompe seu cliente várias vezes durante um telefonema para discutir um projeto futuro, presume-se automaticamente que ele seja grosseiro e insensível? Se uma nova gerente de marketing levar biscoitos caseiros ao escritório, os outros irão questionar sua capacidade profissional e habilidade para decidir? Se um diretor de vendas franco, impulsivo e agressivo na execução de suas tarefas mencionar que tem dois filhos, alguns colegas questionarão, em determinado nível da consciência, o fato de ele ser um bom pai, de ser amoroso com os filhos?

Experimente fazer este exercício

O exercício seguinte, simples, mas significativo, ajudará a demonstrar o efeito de estereótipos aparentemente inocentes ao julgar os demais. Ele tomará apenas alguns minutos de seu tempo; não existem respostas incorretas. Rapidamente, levando em conta sua primeira impressão, indique ao lado de cada um dos adjetivos ou qualificativos abaixo qual dos dois sexos a palavra descreve melhor. Use "M" para Masculino, "F" para Feminino e "A" para Ambos, somente se a palavra evocar imediatamente homens e mulheres. Seja honesto e registre sua primeira resposta.

Empreendedor	_____	Delicado	_____
Gosta de mergulho	_____	Caloroso	_____
Crítico	_____	Gosta de flores	_____
Faz caminhadas	_____	Tem iniciativa	_____
Engraçado	_____	Emotivo	_____
Alegre	_____	Competitivo	_____
Gostar de crianças	_____	Fã de futebol	_____
Salva vidas	_____	Corajoso	_____
Inteligente	_____	Forte	_____
Cozinha bem	_____	Impaciente	_____
Romântivo	_____	Hipersensível	_____
Agitado	_____	Detesta aranhas	_____
Faz equitação	_____	Competente	_____

Pratica vôo livre	_____	Ousado	_____
Impetuoso	_____	Dinâmico	_____
Persistente	_____	Carinhoso	_____
Assertivo	_____	Está sempre na moda	_____
Intenso	_____	Independente	_____
Protetor	_____	Audacioso	_____
Assume compromisso	_____	Franco	_____
Falante	_____	Compassivo	_____
Lógico	_____	Impulsivo	_____
Intuitivo	_____	Criativo	_____

Ao ler suas respostas, observe o número de Ms, Fs e As. A maioria das pessoas obtém uma boa combinação dos três. Repasse a lista dos adjetivos ou qualificativos: há alguma palavra que não poderia descrever nenhum dos sexos? Se isso não acontecer, então todos os Ms e Fs que você assinalou indicam crenças estereotipadas sutis e subconscientes (e às vezes não tão subconscientes assim). Todo mundo tem, inclusive eu.

Tenha em mente que a simples crença de que algumas dessas descrições são baseadas no sexo não está errada nem é uma coisa "ruim". Estereótipos, particularmente aqueles relacionados ao sexo, com freqüência se desenvolvem a partir de generalidades de comportamento observadas.

Os problemas ocorrem quando os estereótipos são usados, ainda que subconscientemente, para prejulgar a capacidade e a competência das pessoas, e desenvolver expectativas injustas e incorretas.

Por exemplo, provavelmente quase 100% dos que fizeram o exercício indicaram Feminino para as descrições de emotivo e protetor, e Masculino para as palavras agressivo e competitivo. Em termos gerais, as mulheres são normalmente mais emotivas que os homens, pelo menos tanto quanto se pode observar? Obviamente. É comum os homens serem mais competitivos exteriormente que as mulheres? Sim. Novamente, os estereótipos em si mesmos não constituem um problema, ou não deveriam.

Entretanto, se eles forem usados para formar opiniões a respeito de outros elementos que compõem a capacidade ou o comportamento de uma pessoa, problemas irão surgir. Agir assim não é apenas injusto... implica julgamento e pressuposição.

*"Os pressupostos fazem com que o melhor
da vida passe por você."*

John Sales

Revendo-se a lista novamente, ela poderia descrever uma pessoa em diferentes situações? Essa pessoa poderia ser tanto um homem quanto uma mulher? A maioria concorda que sim, a lista poderia descrever um homem ou uma mulher. Na verdade, a lista me descreve, como sou vista por meus amigos e colegas de trabalho. Evidentemente havia muito mais adjetivos e qualificativos do que os aqui incluídos (e, é claro, selecionei principalmente bons qualificativos para colocar no exercício!).

Apenas por brincadeira, faça o teste outra vez. Agora, contudo, use a si mesmo como a pessoa que estará avaliando. Assinale os qualificativos que em sua opinião melhor o descrevem a maior parte do tempo; Ms, Fs ou As não são necessários. Faça um sinal ao lado das palavras que se aplicam a você, segundo seu ponto de vista, na maioria das situações.

QUALIFICATIVOS DESCRITIVOS	—	QUAIS SE APLICAM A VOCÊ?
Empreendedor _____	Competente _____	Intenso _____
Emotivo _____	Cozinha bem _____	Independente _____
Gosta de mergulho _____	Ousado _____	Protetor _____

QUALIFICATIVOS DESCRITIVOS — QUAIS SE APLICAM A VOCÊ?

Competitivo _____	Romântico _____	Audacioso _____
Crítico _____	Gentil _____	Assume compromissos _____
Fã de futebol _____		Competente _____
Faz caminhadas _____	Caloroso _____	Falante _____
Corajoso _____	Faz equitação _____	Franco _____
Engraçado _____	Gosta de flores _____	Lógico _____
Poderoso _____	Pratica vôo livre _____	Compassivo _____
Alegre _____	Tem iniciativa _____	Intuitivo _____
Impaciente _____	Impetuoso _____	Impulsivo _____
Gosta de crianças _____	Dinâmico _____	Criativo _____
Hipersensível _____	Persistente _____	Inteligente _____
Salva vidas _____	Amoroso _____	
Odeia aranhas _____	Assertivo _____	
Inteligente _____	Sempre na moda _____	

O que se pode concluir?

Observe quantos adjetivos ou qualificativos que geralmente se aplicam ao seu próprio sexo você assinalou. Também aplicamos estereótipos a nós mesmos! O ponto-chave demonstrado por esse exercício é o seguinte: o fato de uma mulher ser emotiva, "excessivamente" sensível (isto é, mais sensível do que a pessoa que está julgando seu comportamento) em certas situações, protetora e boa cozinheira não a impede de também saber tomar decisões, ser competente, inteligente e impulsiva.

Por outro lado, apenas porque um homem sabe tomar decisões, é intenso, lógico e independente, não significa que ele não seja, ao mesmo tempo, protetor, sensível, delicado em certas situações e um bom cozinheiro.

Uma funcionária pode expressar suas emoções de maneira diferente da usada por seu chefe, talvez chorando; isso não está errado. Suas emoções não se traduzem necessariamente em falta de capacidade para o trabalho. O diretor de vendas certamente parece ser um homem com grande capacidade de concentração; ele tem iniciativa e agressividade. É muito provável, porém, que deixe de lado essas qualidades dinâmicas de decisão e imposição, úteis às vendas, quando vai para casa ficar com os filhos.

Em suma, as diferenças no estilo não significam necessariamente diferenças na capacidade.

Estereótipos são apenas estereótipos

Estereótipos não são indicadores confiáveis de como alguém vai realizar seu trabalho nem descrevem precisamente a personalidade completa de uma pessoa. Quando estiver se comunicando, antes de reagir ao comportamento ou comentários "estereotipados" do outro, avalie os indícios disponíveis. A busca de uma imagem integral irá enriquecer a comunicação, levando a um resultado mais objetivo, significativo e produtivo.

"É melhor manter-se puro e reluzente;
você é a janela pela qual deverá ver o mundo."
George Bernard Shaw

CAPÍTULO

2

DIFERENÇAS BIOLÓGICAS

"Se o mundo fosse um lugar lógico,
os homens cavalgariam de lado na sela."
Rita Mae Brown

Considere as diferenças biológicas entre homens e mulheres... elas são numerosas! Ao refletir sobre o assunto, não lhe parece fazer sentido o fato de que, se somos constituídos de modo diferente, por dentro e por fora, física e geneticamente, também estaríamos programados para nos comunicar de maneira diferente? As comunidades médica e científica estão só agora descobrindo que o sistema fisiológico do corpo humano em homens e mulheres é diferente. Totalmente diferente. O mesmo tratamento para a mesma doença dará resultados diferentes dependendo do sexo do paciente.

Em dezembro de 2004, o site abcnews.com publicou um artigo intitulado "How Gender-Specific Medicine Could Change Health Care – Researchers Say Doctors Must Consider Gender Differences When Treating Women" [Como a medicina especializada em cada um dos sexos pode mudar os cuidados com a saúde – Os pesquisadores dizem que os médicos precisam considerar as diferenças entre os sexos quando tratam as mulheres]. Nesse artigo, a dra. Marianne Legato, presidente da Partnership for Gender-Specific Medicine da Columbia University, afirma, "Mulheres são muito mais do que seios e útero. Na verdade, todos os sistemas orgânicos femininos, incluindo o cérebro, o coração e as vísceras – até a nossa pele – são diferentes dos masculinos de maneiras importantes".

Nesse mesmo site, em março de 2005, o dr. Leonard Sax, um psicólogo e conselheiro familiar, disse, "Meninas e meninos são profundamente diferentes na maneira de ouvir, de ver e de reagir ao stress – e essas diferenças estão presentes desde o nascimento".

Em abril de 2006, o título de um artigo escrito por Ronald Kotulak, um escritor especializado em ciências do Chicago Tribune, era: "Os Sexos e o Cérebro – Novas evidências mostram que os hormônios levam as mentes do homem e da mulher a verem o mundo de modos diferentes". Nesse artigo, Larry Cahill, um neurobiólogo da University of California diz, "O preconceito da neurociência tradicional nos últimos 25 anos tem sido, 'Tudo bem, é claro que existem algumas diferenças entre os sexos lá no fundo do cérebro, nessa pequena estrutura chamada hipotálamo, mas, tirando isso, os cérebros dos homens e das mulheres são praticamente iguais'. Isso é um grande equívoco".

Os cientistas pensavam que as diferenças entre os sexos eram em geral controladas pelo hipotálamo, um pequeno órgão no interior do cérebro. Recentemente, porém, foi descoberto um hormônio batizado de *kisspeptin* ("peptina do beijo", numa tradução livre), que, na puberdade, aciona outros hormônios, que por sua vez ativam o estrógeno e a testosterona, dando início às mudanças físicas. O bloqueio do *kisspeptin* evita que essas mudanças aconteçam. Esse hormônio também afeta o cérebro e determina características femininas e masculinas. E essa é apenas uma diferença.

Outra recente descoberta intrigante foi publicada no jornal *Nature* no outono de 2005. Esse estudo afirma que a genética de homens e mulheres difere em 1%. Em comparação, a estrutura genética de chimpanzés e seres humanos difere apenas em 1,5%. Portanto, homens e mulheres são quase tão diferentes quanto seres humanos e chimpanzés! Huntington Willard, geneticista da Duke University e co-autora do artigo da *Nature* afirma, "Poderíamos dizer que existem dois genomas humanos, o dos homens e o das mulheres".

Muitos livros já foram escritos sobre as diferenças biológicas entre homens e mulheres. O meu objetivo, ao discutir brevemente algumas delas neste livro, é salientar a sua proeminência e impacto na comunicação.

HOMENS

- Menor número de terminações nervosas
- Pele mais grossa
- Mais pêlos no corpo
- Melhor visão diurna
- Pulmões maiores
- Crânio mais espesso
- 10% mais altos
- 40% de músculos, 15% de gordura
- Braços 50% mais fortes, polegares mais fortes
- As aptidões espaciais se desenvolvem em média aos 6 anos, mais cedo que nas mulheres
- Quando mais jovens, são melhores em matemática e ciências (essa diferença está diminuindo, mas ainda existe)
- Superam as mulheres quando pensam em termos tridimensionais
- As emoções são controladas pelas amídalas, com nenhuma ligação direta com a linguagem ou com o centro do raciocínio
- O cérebro é 9% maior do que o das mulheres, mas tem o mesmo número de neurônios
- Têm dez vezes mais testosterona que as mulheres
- Uma porção maior do cérebro (2,5x) é voltada para a prática sexual
- Uma porção maior do cérebro é voltada para a ação e a agressão
- Mais serotonina = menos depressão

- Os homens reparam em sinais sutis de tristeza no semblante de alguém 40% das vezes, enquanto as mulheres reparam 90% das vezes

MULHERES

- Têm menos pêlos no corpo
- Melhor visão noturna
- As glândulas sudoríparas estão distribuídas de maneira mais uniforme
- Têm articulações mais flexíveis
- 23% de músculos; 25% de gordura
- A camada de gordura é mais uniformemente distribuída
- Melhor suprimento de oxigênio para o cérebro
- Os bebês do sexo feminino são menos irritáveis, sorriem mais, comem menos, controlam a bexiga mais cedo
- Têm até 40% mais conexões (sinapses) entre os neurônios no cérebro e um corpo caloso maior
- As aptidões espaciais se desenvolvem aos 13 anos, mais tarde do que nos homens
- Parte inferior do cérebro (ou reptiliano) maior (emoções)
- O stress reprime mais rápido o impulso sexual
- Emoções controladas pelo córtex cerebral, junto com a linguagem e o raciocínio
- Geralmente um fluxo sanguíneo 15% maior para áreas do cérebro ligadas às emoções e à memória
- Avançado crescimento de células no hemisfério verbal aos 4 anos; lêem e escrevem melhor que os homens, embora eles apresentem notas melhores nos exames da faculdade
- A busca do diálogo estimula a dopamina e a oxitocina, importantes agentes neurológicos
- As mulheres usam em torno de 20 mil palavras por dia; os homens usam 7 mil

- As mulheres têm mais câncer de pulmão e cálculos biliares
- Menos câncer no pâncreas

(Fontes: *Male and Female Realities*, Joe Tannenbaum, e *The Female Brain*, de Louann Brizendine)

Centenas de milhares de anos atrás, no tempo das cavernas (Eu me refiro a esse período porque ele abrange a parte da nossa evolução mais relevante para os seres que somos hoje.), os homens eram responsáveis basicamente pela caça, construção de abrigos e pela proteção dos membros da tribo. Em termos muito simples, eram responsáveis por salvar vidas. As diferenças biológicas citadas anteriormente dão suporte e reforçam essas responsabilidades. Se os homens ficavam ao ar livre, sujeitos às intempéries, caçando e construindo sob um tempo inclemente, eles necessitavam de mais proteção. Daí um menor número de terminações nervosas, pele mais grossa e mais pêlos no corpo.

Como caçadores, tinham que ser capazes de perceber a aproximação dos inimigos e de detectar a presença, perseguir e matar os animais. Portanto, uma visão diurna melhor era necessária, e pulmões com maior capacidade eram exigidos para a absorção de mais oxigênio em seus organismos. Deixando de lado qualquer tentação de provocar os homens neste momento, a característica de um crânio mais espesso provavelmente os tornava mais aptos a sobreviver caso recebessem um golpe na cabeça. (Aplicado com uma frigideira, várias mulheres presentes em meus workshops sugeriram com um sorriso.)

Os homens são mais altos, têm mais músculos que gordura, e braços e polegares mais fortes. Equipamento adequado para as atividades de construção e proteção.

Não faz sentido o fato de que, se somos constituídos de modo diferente, por dentro e por fora, também estaríamos programados para nos comunicar de modo diferente?

Os homens, especialmente quando jovens, são *geralmente* melhores em matemática e ciências. Existem mais meninos-prodígio em matemática. O cérebro é organizado de maneira um pouco diferente do que nas mulheres; os homens, *ao nascer*, levam uma pequena vantagem com relação à matemática, ciências e lógica. Essa diferença é também enfatizada pelo fato de que, em geral, mais meninos se interessam por matemática e ciências do que meninas.

Sim, esse interesse mais pronunciado é em parte devido aos professores que, delicadamente, guiam os meninos nessa direção, devido à sua própria programação e interesses. Entretanto, esse desnível vem diminuindo significativamente com o passar do tempo. As mulheres precisam somente estar interessadas e aplicar-se ao assunto para competir em condições de igualdade nesses ramos do conhecimento. A educação pode, precisa, e de fato continua a eliminar essas pequenas diferenças genéricas na atitude das mulheres com relação a esses ramos.

O mesmo ocorre quanto ao pensamento tridimensional, que ajudou os homens a construírem, trabalharem com espaços e formas e a lidarem com relações espaciais, como calcular a distância e a trajetória ao arremessarem uma lança ou usarem uma atiradeira. A facilidade de interpretar mapas e um bom senso de direção também derivam dessa diferença quanto ao pensamento espacial.

Pesquisadores mostraram que os homens se localizam por meio do cálculo de distâncias, da lógica e da física – as mulheres muitas vezes usam pontos de referência. Eu gostaria de relatar um caso que ilustra esse ponto – Mary, uma amiga minha, ocupa um alto cargo como executiva numa organização da área da saúde. Ela é extremamente inteligente, assertiva e uma administradora capaz. Quando eu telefonei para pedir-lhe informações sobre como chegar à sua casa, onde já mora há mais de nove anos, ela passou o telefone para o marido, para que este me ajudasse.

Lembre-se mais uma vez, porém, de que essas interpretações correspondem a uma generalização do comportamento, que pode ser influenciado pela educação e pelo ambiente. O número crescente de excelentes arquitetas, cientistas, astronautas e físicas atesta isso.

Como uma nota mais leve, afirmo que há ainda algumas razões contemporâneas para que essas diferenças existam. Melhor visão diurna... assim eles podem encontrar sua bola de golfe perdida! Polegares mais fortes... ajudam a explicar a enorme superioridade masculina com o controle remoto, você não acha? (Não se preocupem, senhores, também faço brincadeiras envolvendo as mulheres. Podemos rir de nós mesmos e de nossas diferenças; afinal, elas são divertidas! Não vamos levar as coisas tão a sério!)

"*É de imensa importância que possamos rir de nós mesmos.*"
Katherine Mansfield

Biologia e comunicação?

O que essas diferenças biológicas têm a ver com comunicação? Tem muito a ver, na verdade. Essas diferenças estão profundamente arraigadas em nós. Elas fazem parte de nossa estrutura, de nossa programação, e não vão se desvanecer.

Os homens têm uma constituição física mais forte que as mulheres – precisaram ser mais vigorosos para atender às suas responsabilidades. No passado, antes que a linguagem fosse desenvolvida e refinada, os homens, com uma freqüência muito maior do que hoje em dia, usavam força bruta para conseguir o que queriam. Estão acostumados a, simplesmente, abrir seu caminho, de maneira que parecem mais diretos, agressivos e insensíveis.

Ainda hoje, é inato neles o sentido de responsabilidade pelo bem-estar e pela sobrevivência das mulheres. É por isso que tantos homens ficam extremamente perturbados quando as mulheres choram. Sentem que falharam, que decepcionaram a mulher, reforçando um dos seus mais profundos receios – o de não serem necessários e valorizados. Em algum nível, contudo inconscientemente, julgam que a mulher esteja com sérios problemas ou passando por dificuldades e precisam que eles a salvem. Para todos os propósitos, lágrimas equivalem à morte iminente. Essa é uma razão pela qual geralmente eles propõem soluções em vez de apenas prestar atenção ao que é dito. Os homens sentem-se obrigados, em nome da honra, a resolver tudo.

"Assim como a diferença em altura entre indivíduos do sexo masculino deixou de ser um problema real, agora que as ações legais substituíram os confrontos físicos, a diferença de força entre homens e mulheres não é mais digna de consideração nas instituições culturais."

Margaret Mead

Os homens são mais orientados pelo lobo esquerdo do cérebro, usando a lógica e o raciocínio em maior escala que os relacionamentos e as aptidões verbais. De maneira geral, essas diferenças físicas existem devido a diferenças hormonais, mais especificamente no que se refere à testosterona, e os hormônios controlam o nosso corpo.

Em "Why Do Men Act The Way They Do?" [Por que os homens agem do jeito que agem], um artigo de Andrew Sullivan, publicado na *New York Times Magazine* e reimpresso pela *Reader's Digest* em setembro de 2000, o autor chama a testosterona sintética de "uma metáfora para a masculinidade".

"Homens e mulheres diferem no aspecto biológico principalmente porque os homens produzem cerca de dez vezes mais testosterona do que a maioria das mulheres, e também pelo fato de essa substância afetar profundamente o corpo físico, o comportamento e o humor." Sullivan relata que os efeitos da testosterona começam cedo. Os homens experimentam três vezes uma grande afluência desse hormônio: no útero, poucas semanas após a concepção, durante os primeiros meses de vida e, novamente, na puberdade. (Muitos especialistas agora afirmam que os homens têm de 10 a 100 vezes mais testosterona que as mulheres.)

Durante uma experiência de laboratório, quando pesquisadores injetaram testosterona em fêmeas de ratos recém-nascidas, estas passaram a desenvolver, de maneira crescente, um comportamento masculino. Ratos machos recém-nascidos que tiveram o hormônio bloqueado deixaram de desenvolver um pênis normal e se apresentaram diante de ratos machos não tratados com um típico comportamento sexual feminino. Em nossa sociedade, os homens cometem mais crimes, 4 para 1, do que as mulheres; a proporção é ainda maior quando se trata de crimes violentos. Operários têm mais testosterona do que os trabalhadores de colarinho branco, de acordo com um estudo que reuniu cerca de 4 mil ex-militares.

Sullivan, o autor do artigo, toma injeções de testosterona sintética e não deseja parar – embora se atribua a ela o aumento da agressividade masculina, calvície, doenças cardíacas e, em homens negros, câncer de próstata. Sullivan alega que o hormônio lhe proporciona mais energia, apetite e força. Seu conselho? "Vamos usar o nosso conhecimento cada vez mais amplo do hormônio masculino para compreender o que significa ser um homem, seja para o melhor ou para o pior. Devemos aceitar que os homens e as mulheres não são iguais – e seguir adiante." Depois de substituir "iguais" pela palavra "idênticos" e estimular um conhecimento maior também dos hormônios femininos, eu concordo com ele.

Outros resultados do banho de testosterona dentro do útero: as mulheres têm 40% mais neurônios do que os homens nos centros cerebrais relacionados à linguagem e à audição; os homens têm 2,5x espaço cerebral concernente ao sexo, além de centros maiores relacionados à raiva e à agressão. Nas mulheres, o centro de controle da raiva e da agressão é maior, não só o próprio centro, por isso é geralmente mais fácil enraivecer um homem.

A propósito, um aspecto importante das diferenças biológicas e, na realidade, de quaisquer diferenças, envolve aquelas *entre* as mulheres de um modo geral e aquelas *entre* os homens de um modo geral. Algumas vezes essas diferenças parecem ser maiores do que as encontradas *entre* homens e mulheres! Por quê? Primeiro, por haver grandes diferenças entre as pessoas. Em segundo lugar, esperamos um certo grau de familiaridade e semelhança com pessoas do mesmo sexo. Se elas não se adaptam ao molde ou não atendem às nossas expectativas, as diferenças são consideradas exageradas e mais aparentes. E, o mais impactante, existem diferenças genéticas significativas entre as mulheres e também entre os homens.

Revendo as diferenças biológicas femininas, as responsabilidades fundamentais das mulheres, centenas de milhares de anos atrás, incluíam gravidez, parto e criação dos filhos. As diferenças biológicas que você viu anteriormente ajudam a cumprir essas responsabilidades. Articulações mais flexíveis, menor número de pêlos no corpo, glândulas sudoríparas mais uniformemente distribuídas, um nível mais elevado de gordura do que de músculos, especialmente em comparação com os homens, melhor suprimento de oxigênio ao cérebro... todas essas diferenças fisiológicas dão sustentação à gravidez e ao parto.

Além disso, uma pesquisa apresentada ao público em novembro de 1998, durante um encontro da Society for Neuroscience, em Los Angeles, indicou que a maternidade pode tornar as mulheres mais inteligentes – talvez permanentemente –, uma vez que os hormônios liberados durante a gravidez e a amamentação enriquecem de forma dramática as partes do cérebro que comandam o aprendizado e a memória. No caso de mães inexperientes, a inteligência e perspicácia seriam atributos muito valiosos para a sobrevivência e a saúde da criança.

Um corpo caloso maior, isto é, o tecido conjuntivo entre os hemisférios direito e esquerdo do cérebro e a parte inferior do cérebro mais ampla, relacionada às emoções, são considerados por alguns pesquisadores como fatores que ajudam as mulheres a desenvolver melhor suas habilidades para relacionar-se e se comunicar. Evidentemente, assim como as mulheres podem competir e ser bem-sucedidas em matemática e ciência, os homens podem aumentar sua capacidade de lidar com essas áreas verbal/intuitiva, por intermédio do estudo e da prática.

O fato de as emoções serem controladas no córtex cerebral também ajuda a explicar por que as mulheres, na maioria das vezes, sentem e expressam emoções mais rápida, visual e verbalmente que os homens. Fisiologicamente, estes não são capazes de acessar seus sentimentos e emoções com a mesma facilidade demonstrada pelas mulheres. A diferença quanto à expressão visível das emoções é uma das maiores causas de desentendimento entre homens e mulheres.

> Fisiologicamente, os homens não são capazes de acessar seus sentimentos e emoções com a mesma facilidade demonstrada pelas mulheres.

O *USA Today* publicou, em julho de 2002, que um estudo realizado por um grupo de psicólogos, no qual foram usadas tomografias, revelou que o cérebro feminino é mais bem organizado para perceber e lembrar-se de emoções. "O circuito da experiência emocional e a codificação dessa experiência na memória é muito mais firmemente integrada nas mulheres do que nos homens", afirmou Turhan Canli, professor assistente de psicologia na State University de Nova York – Stony Brook, e principal autor do estudo.

Esses achados apóiam os "mitos", segundo os quais as mulheres se lembram de discussões por mais tempo, guardam rancor, e são, portanto, mais suscetíveis à depressão clínica, já que fixar-se nas lembranças e repassá-las incessantemente representa um fator de risco para a depressão.

As mulheres foram (e em geral ainda são, em grande parte, embora um número cada vez maior de pais esteja se envolvendo na criação dos filhos, para o benefício de todos) responsáveis pela criação dos filhos. Para isso é necessário não apenas relacionamentos amorosos e estáveis e uma adequada comunicação para desenvolvê-los, mas também atenção aos detalhes, intuição e um contato mais íntimo com as emoções. O corpo caloso maior, isto é, o tecido conjuntivo, permite que se pense mais com o cérebro todo, ou uma integração de seus lados direito e esquerdo.

As regiões do cérebro responsáveis pelas emoções, pela memória e por rastrear reações viscerais são maiores e mais sensíveis nas mulheres. Quem diria, a biologia explica a intuição das mulheres! A maioria das emoções, nos homens, desencadeia o pensamento racional, não tanto os sentimentos intuitivos.

As regiões da dor no cérebro das mulheres são visivelmente ativadas quando elas vêem outras pessoas sofrendo ou ouvem a respeito delas. O cérebro dos homens não responde da mesma maneira.

Os talentos espaciais se desenvolvem mais tarde nas meninas do que nos meninos, porém eu não ficaria surpresa se essa diferença eventualmente diminuísse, à medida que as meninas comecem a praticar esportes cada vez mais, desde a mais tenra idade. Entretanto, falamos aqui de evolução e, por isso, quaisquer mudanças no cérebro não irão ocorrer da noite para o dia.

Quanto às razões modernas para essas diferenças... algumas mulheres em meus workshops sugeriram que haviam aprendido a controlar a bexiga mais cedo quando eram bebês para que, depois, pudessem fazer compras por um longo período de tempo sem ter que parar. (Sim, mulheres e compras representam um estereótipo. E bem verdadeiro. Em geral, as mulheres gostam MUITO mais de fazer compras que os homens. E não há nada de errado nisso, como não há nada de errado com o fato de os homens gostarem de construir coisas.)

Essas são algumas das diferenças biológicas entre homens e mulheres. Como você pode ver, mesmo o nosso cérebro está estruturado para comunicação, conflito e confusão! Depois as variações hormonais devido à menopausa entram em ação, provocando mais alterações ainda.

Neste ponto devo mencionar os autores e especialistas que discordam da teoria segundo a qual diferenças no cérebro ligadas ao sexo levam a diferenças de comportamento, desempenho ou personalidade. Na verdade, alguns nem mesmo concordam que o cérebro masculino seja diferente do feminino. Sou partidária da seguinte teoria: podem-se encontrar pesquisas que apóiem praticamente qualquer crença. Pessoalmente, creio que as informações incluídas neste capítulo fazem sentido; elas me ajudam a compreender certas variações gerais de comportamento óbvias entre homens e mulheres. Numerosos especialistas e cientistas concordam. Outros discordam. Minha sugestão é que você absorva aquilo que lhe parece correto, deixando de lado o resto para assimilação e reflexão posterior.

CAPÍTULO 3

DIFERENÇAS SOCIAIS

"A sociedade é uma vasta conspiração para nos moldar, nos esculpir, transformando-nos no tipo de estátua que ela preferir, para nos colocar, depois, no nicho mais conveniente que houver."

Randolph Bourne

A comunicação entre homens e mulheres se torna ainda mais confusa devido aos condicionamentos sociais. Através dos séculos, as responsabilidades baseadas nos sexos contribuíram para nos programar com as características necessárias para lidar adequadamente com esses deveres. Essas são certamente generalidades, mas de fato existem e algumas coincidem com as diferenças biológicas apresentadas no Capítulo 2. Infelizmente, elas também nos deixam à mercê do impacto negativo dos estereótipos, como foi explicado no Capítulo 1.

Esses papéis sociais, em conjunto com a criação dos filhos, contribuem enormemente para criar uma barreira ao avanço profissional das mulheres. A Simmons School of Management, uma escola de administração projetada para mulheres, fundou o Center for Gender and Organizations e realizou vários estudos sobre as dinâmicas dos sexos no local de trabalho.

Um estudo mais recente de 471 executivas de primeiro escalão mostrou que as mulheres com filhos estão menos propensas a deixar o emprego e mais propensas a se satisfazer com as suas oportunidades de promoção. Esse achado contraria a crença de que as mulheres estão optando por abrir mão da sua carreira profissional em favor da criação dos filhos.

O fato é que a maioria das mulheres se reintegra ao mercado de trabalho depois de um ano de afastamento, seja procurando um novo emprego ou trabalhando por conta própria. Uma olhada superficial nas estatísticas muitas vezes leva as empresas a acreditar na idéia de que as mulheres são menos compromissadas com o trabalho e, por isso, a investir menos no desenvolvimento das lideranças do sexo feminino. A questão é que as mulheres que pedem demissão não querem mais trabalhar na empresa em que estão, por razões variadas, que dependem de circunstâncias pessoais.

Uma segunda dinâmica supõe que as mulheres não querem ser líderes ou não estão dispostas a arcar com as responsabilidades dos cargos de liderança e fazer os sacrifícios que elas exigem. Contudo, segundo outro estudo do Center for Gender and Organizations, envolvendo 226 gerentes de uma empresa prestadora de serviços, as porcentagens de homens e mulheres que aspiram a cargos de liderança são equivalentes. Mesmo assim, em comparação aos 67% de homens, apenas 47% das mulheres tiveram oportunidade de participar de programas de desenvolvimento de líderes. Os executivos pressupõem que as mulheres não se interessam por esse tipo de programa e, portanto, não oferecem esse tipo de oportunidade a elas.

Um terceiro estudo, envolvendo 570 profissionais do sexo feminino, mostrou que 72% delas gostariam de ser líderes influentes nas empresas em que trabalham e 47% gostariam de ser presidentes.

Atributos sociais baseados no sexo

HOMENS

- Força, agressividade
- Competição e superioridade
- Independência

- Esconder e negar emoções
- Concisos e concentrados

MULHERES

- Forte desejo de relacionamentos monogâmicos
- Consenso, harmonia, evitar conflitos
- Atenção a detalhes; boas habilidades motoras
- Sólidas aptidões verbais e sociais
- Intuição e capacidade altamente desenvolvidas para avaliar pessoas

Se os homens eram responsáveis pela caça, construção de abrigos e proteção do grupo, não faz sentido que estivessem programados para a força, agressividade, competição e superioridade em maior grau que as mulheres? Essa programação era necessária à sobrevivência, era uma questão de vida ou morte. Para manter-se vivo, além de manter vivas sua família e a espécie, protegidas das inclemências do tempo, dos inimigos e dos predadores, um homem precisava sentir-se superior e ser competitivo. Ele precisava enfrentar as ameaças e perigos que representavam os predadores de todas as espécies, inclusive o homem. Ele também usava essas características para dominar, controlar e vencer outras tribos, e assegurar o crescimento e a longevidade de seu próprio grupo.

Se saísse para uma caçada que iria durar um mês ou para uma jornada "masculina", a independência seria muito importante, não é verdade? Se um homem parasse diante de um inimigo e começasse a chorar, isso não seria de muito bom agouro para ele, seria? Ele provavelmente seria morto instantaneamente. Por isso, ocultar ou negar emoções transformou-se num estilo de vida, literalmente uma ferramenta para permanecer vivo. Além disso, os homens eram responsáveis por salvar vidas, por assegurar a sobrevivência da espécie; portanto, desenvolveram agilidade e capacidade de concentração. Não tinham tempo para detalhes.

Para manter-se vivo, além de manter vivas sua família e
a espécie, um homem precisava sentir-se superior
e ser competitivo.

Devido a outras questões de sobrevivência e responsabilidades, as mulheres foram programadas de maneira diferente. Por mais que hoje elas detestem admiti-lo, no passado precisavam da proteção dos homens para sobreviver (independentemente de Ayla em *Clan of the Cave Bear* e outras supermulheres). Se um inimigo ou um tigre-dentes-de-sabre matasse um homem, ou se outra mulher o raptasse para substituir o parceiro anterior, a companheira deste e seus filhos provavelmente iriam perecer. Essas situações também explicam parte da competição inata e subconsciente entre as mulheres nos dias atuais. A programação social é profunda e duradoura e, em muitos casos, subconsciente. Esse instinto de sobrevivência existe há muitos séculos, é sólido e arraigado em nós. As mulheres foram programadas para relacionamentos monogâmicos muito mais do que os homens porque isso significava vida ou morte para elas.

Por mais que as mulheres hoje detestem admiti-lo,
no passado a proteção dos homens era decisiva para a
sobrevivência. Durante esse período da evolução,
as mulheres TINHAM de conviver com os homens
para se manterem vivas.

Relacionamentos monogâmicos para os homens significavam uma prole menor e ameaçavam a sobrevivência da espécie. Eles eram programados para procriar e manter a espécie viva, para fortalecer suas tribos simplesmente pelo aumento da população. Como eu digo para as minhas platéias em tom bem-humorado, "Senhores, isso não é mais necessário! Há um número suficiente de seres humanos no planeta agora!" Essa é uma das tendências que deveria ser mais bem adaptada para ajustar-se às normas sociais vigentes. Portanto, aqui temos diferenças baseadas no sexo profundamente arraigadas, relacionadas com questões de vida ou morte, que resultaram numa abordagem totalmente contraditória dos relacionamentos. E ainda ficamos nos perguntando por que há conflitos e confusão entre homens e mulheres?

"Os homens sempre querem ser o primeiro amor de uma mulher – as mulheres gostam de ser o último romance de um homem."
Oscar Wilde

Como as responsabilidades das mulheres incluíam a criação dos filhos, as mulheres foram programadas, num grau maior, para o consenso e a harmonia, e para evitar conflitos. A mulher também não queria deixar seu companheiro irritado porque, se ele a deixasse, ela poderia morrer! Cuidar das crianças e colher sementes e grãos de boa qualidade deram às mulheres a capacidade de prestar mais atenção aos detalhes. (Em um dos meus programas para uma empresa, eu tinha acabado de fazer esse comentário sobre atenção aos detalhes e boas habilidades motoras, e então abri os braços enquanto falava e derrubei um copo de água sobre o material que estava usando em minha apresentação. Uma voz decididamente masculina no fundo da sala exclamou, "Onde está a boa coordenação motora?")

Sólidas aptidões verbais e sociais e uma capacidade altamente desenvolvida para intuir e avaliar pessoas se manifestaram nas mulheres devido às suas responsabilidades pelos relacionamentos e cuidado com os filhos. De fato, muitos especialistas dão à mulher mais crédito do que ao homem pela sobrevivência da espécie, em razão de seu singular envolvimento na criação e cuidado com os filhos e na coleta constante de alimentos exceto a carne.

Essas diferenças podem ser observadas nas crianças modernas: os meninos brincam de polícia e ladrão, vaqueiros e índios. As meninas brincam com bonecas e de casinha. As primeiras brincadeiras ensinam aos meninos competição, liderança e hierarquia, enquanto as meninas aprendem relacionamentos e como evitar conflitos. Os garotos gravitarão em torno de carros e caminhões, e as meninas, em torno de bonecas e aparelhos de chá, independentemente da influência dos pais. A revista *Nature* relatou, no início de 2006, que até mesmo os filhotes de macaco demonstram essas preferências com relação aos brinquedos.

Pat Heim, que tem doutorado em comunicação e escreveu vários livros sobre o tópico da comunicação entre os sexos, observou que os homens são amigáveis, enquanto as mulheres oferecem amizade. Há uma sutil, porém profunda diferença nessas abordagens. "A afabilidade e cortesia vêm e vão, de acordo com a necessidade de fazer alguma coisa. A amizade é um relacionamento que prevalece sobre o projeto", a autora afirma. Heim atribui essa diferença a práticas na infância. Os homens crescem jogando em times, na companhia de meninos de quem não gostam necessariamente, e aprendem a cooperar não obstante seus sentimentos. As mulheres, por outro lado, crescem com uma maior possibilidade de escolha e controle sobre com quem relacionar-se; por isso gostar de alguém se tornou crucial para a sua capacidade de criar relacionamentos. Um dos resultados dos convívios sociais é que os homens são mais orientados para metas, enquanto as mulheres são orientadas para os relacionamentos ou para os processos para chegar a resultados.

Na prática, ambas as habilidades são necessárias para o sucesso profissional – outra prova de que homens e mulheres foram feitos para trabalharem juntos. Só é necessário um pouco de boa vontade para compreender as diferenças e saber lidar com elas.

Infância e mensagens sociais

É importante reconhecer certas mensagens sociais programadas, transmitidas na infância. A sua primeira reação talvez seja dizer a si mesmo que as pessoas deixaram de reforçar essas mensagens em seus filhos, que a sociedade está muito mais esclarecida atualmente. Não é tão simples assim! Novamente, uma programação arraigada nas pessoas não morre rápida ou silenciosamente. Cada uma dessas mensagens lhe é familiar, o que significa que ainda permeiam as sucessivas gerações. Sim, as coisas estão mudando, mas a frase "Meninos serão sempre meninos" nasceu por uma razão e permanecerá viva.

Eu ensino às pessoas, transmito-lhes essas informações, e ainda que não repita as mensagens *per se*, vejo-me tratando os meus sobrinhos de uma maneira menos branda do que trato as minhas sobrinhas. A verdade é que, como meninos, eles *são* mais turbulentos (não são todos, é claro; como em toda regra, existem exceções). Qualquer um que discordar desse comentário provavelmente jamais passou bastante tempo na companhia de crianças de ambos os sexos. Mesmo assim, meu comportamento em relação a eles reforça algumas das diferenças típicas entre os sexos – homens mais agressivos, mulheres mais delicadas e sensíveis, etc.

Isso é tão ruim? Francamente, não penso assim. Não desejo ver os dois sexos mesclando-se e se tornando parecidos. De forma alguma. Eu, porém, não digo para os meus sobrinhos não chorarem ou para minhas sobrinhas serem boazinhas e doces. Brincadeiras mais suaves com meninas pequenas não significam lhes comunicar que são menos inteligentes ou menos capazes de obter um grande sucesso ou que, num certo grau, sejam inferiores aos meninos. Em termos gerais, elas não são tão fortes fisicamente, o que de maneira alguma as impede de serem pessoas realizadas, participativas e bem-sucedidas. Abaixo, cito algumas mensagens sociais comuns, reforçadas durante toda a infância:

PARA OS MENINOS...

- "Homens não choram." Essa mensagem não ajuda os homens a aprenderem como ser sensíveis e expressar suas emoções.

- "Mostre quem é que manda aqui. Seja o homem da casa." Mais uma vez não há aqui nenhuma indicação de sensibilidade e apoio ou expressão emocional. Além disso, socialmente não é permitido aos homens serem vulneráveis, uma vez que esse comportamento no sexo masculino é interpretado como fraqueza.

Em seu artigo "Say Cheese", publicado no *Los Angeles Times*, em abril de 2000, Ellen Alperstein discute o estudo conduzido por David Dodd, um professor de psicologia da Washington University, em St. Louis. Dodd analisou fotos de alunos em anuários escolares, desde o curso primário até a faculdade, comparando o índice de sorrisos. Até a quarta série ele encontrou índices semelhantes de sorrisos. Na quarta série 89% das meninas sorriam, contra 77% dos meninos. Na nona série a diferença cresceu para 70% *versus* 43%.

O estudo não se propunha a abordar velhas informações, segundo as quais meninas sorriem mais porque são ensinadas a agradar. Dodd queria identificar o momento em que a diferença se tornava significativa. Ele determinou que o desequilíbrio se manifesta quando as crianças passam a se interessar pelo sexo oposto. Ao chegarem ao final do curso primário, Dodd afirmou, as crianças estarão recebendo mensagens para comportar-se de modo diferente no que se refere aos papéis masculino e feminino e aos ideais para os dois sexos. A garota ideal para os meninos é agradável, bem-humorada, não ameaçadora e despreocupada. O garoto ideal para as meninas é forte, silencioso, atlético e sério, Dodd relata.

Novamente, os meninos têm que ser – ou mais precisamente, *agir* – como criaturas firmes e fortes para atender às normas sociais.

PARA AS MENINAS...

- "Fique quieta e sente-se aqui, bem bonitinha." Isso ensina as meninas a reprimirem suas opiniões, serem indiretas e a não terem confiança em si mesmas. Ainda pior, lhes transmite a idéia de que seu traço e característica mais importantes são a sua aparência e não os seus valores, ética, inteligência ou personalidade. Essa idéia acaba com a auto-estima e causa distúrbios alimentares, depressão, falta de consciência de si mesma e obsessão pela aparência, por roupas, etc.

- "Seja gentil e amável se quiser conseguir um marido." Esqueça de partilhar suas outras qualidades admiráveis, como o seu cérebro e poder. Isso também reforça o receio dos homens de serem manipulados pelas mulheres. (Durante um programa que organizei recentemente para um grupo de vendas de alta tecnologia, escrevia esta última mensagem num gráfico e, enquanto as palavras se sucediam, "Se você quiser conseguir ____", ouvi uma voz feminina no fundo dizer "cotas inferiores!")
- "Não fira os sentimentos das pessoas." Certo. Mantenha tudo bloqueado em você. Não diga nada, não provoque conflito. Essa filosofia tem causado uma repressão generalizada de sentimentos e, em conseqüência, um ganho significativo para os terapeutas. Não estou advogando que sejamos rudes ou ofensivas, mas apóio que nos defendamos e sejamos honestas, de uma maneira compassiva e responsável.

Quanto ao primeiro ponto acima, a pressão da sociedade e a ênfase na aparência das mulheres não melhoraram muito. Barbara Brotman, do *Chicago Tribune*, escreveu um artigo logo após o escândalo da Enron intitulado "When a Woman Blows the Whistle [Quando uma Mulher Faz uma Denúncia]". Nele, Brotman cita Stephen Kohn, presidente do National Whistleblower Center, "Aquilo que motiva um delator é neutro com relação ao sexo". Entretanto, Kohn também afirmou que diferenças de sexo se manifestam na maneira como uma delatora do sexo feminino é tratada.

"Você vai enfrentar retaliação, alguma forma de insulto profissional ou pessoal quer seja homem ou mulher", ele continuou. "Se for mulher, porém, há uma forte possibilidade de que estes envolvam sua aparência e sua vida sexual, as quais serão usadas como base para insultá-la ou para fazer afirmações depreciativas. Isso não irá acontecer com um homem." Kohn disse também que isso aconteceu a Linda Tripp, ex-secretária no Pentágono, que secretamente gravou suas conversas com Monica Lewinsky. A aparência física de Tripp foi significativamente ridicularizada pela imprensa, em tal grau, que ela acabou se submetendo a uma ampla cirurgia plástica depois que o alarido diminuiu. É claro que as circunstâncias dessa denúncia diferiram bastante das que envolveram Sherron Watkins, da Enron. Watkins escreveu uma carta a seu presidente para alertá-lo sobre o desastre iminente. A diferença-chave entre as duas foi uma questão de lealdade – Tripp traiu sua amiga por razões questionáveis (pelo menos para o público), enquanto se considerou que Watkins estava tentando ajudar sua empresa. Qualquer que tenha sido a motivação, a atenção dada à aparência de Tripp foi lamentável e infeliz.

> A chave para uma comunicação bem-sucedida é estarmos atentos às nossas diferenças e compreendermos como trabalhar com elas.

Nós SOMOS diferentes!

Como você pode ver, homens e mulheres são MUITO diferentes, e isso é bom! Somos diferentes desde o momento da concepção, e essas diferenças são reforçadas socialmente. Trata-se de natureza E criação combinadas. Pense em como a vida seria tediosa se fôssemos todos iguais. Seríamos como todos os robôs R2D2 ou C3P0, movendo-nos incessantemente, todos com a mesma aparência e agindo da mesma maneira. Não, obrigada! Eu adoro que os homens sejam diferentes de mim. Deveríamos celebrar o fato de sermos diferentes.

A chave para uma comunicação bem-sucedida é estarmos atentos às nossas diferenças e compreendermos como trabalhar com elas de maneira eficiente. Reconheça os sutis estereótipos que possivelmente você carregue e seja muito cuidadoso para não fazer suposições ou julgamentos com base neles. Só para lembrá-lo mais uma vez, ser mais emotivo não se traduz necessariamente em fraqueza ou pequena capacidade de liderança. Ser mais agressivo e impulsivo não anula a possibilidade de alguém ser um companheiro ou pai delicado e amoroso.

"E a mulher deveria se sentar ao lado do homem e ser a companheira de sua alma, não a serva de seu corpo."
Charlotte Perkins Gimman

CAPÍTULO 4

DIFERENÇAS NOS ESTILOS DE COMPORTAMENTO

"Algumas vezes eu me pergunto se homens e mulheres são adequados um para o outro. Talvez eles devessem ser vizinhos e apenas se visitar de vez em quando."

Katharine Hepburn

As diferenças biológicas e sociais discutidas nos capítulos anteriores se traduzem em diferenças de estilos de comportamento entre homens e mulheres. As razões para a confusão e os conflitos irão tornar-se ainda mais aparentes à medida que você observar como esses estilos não são apenas diferentes; eles basicamente se opõem um ao outro. Você verá a si mesmo nessas informações e reconhecerá pessoas com as quais trabalha e pessoas a quem ama.

Comportamentos aprendidos e inatos

MASCULINOS	FEMININOS
• Independência	• Consenso
• Superioridade	• Inferioridade; no máximo, igualdade
• Status	• Ligação
• Competição	• Harmonia
• Ser respeitado, admirado	• Que gostem delas, ser aprovadas
• Ficam calados sob stress	• Falam quando estressadas

MASCULINOS
- Vínculo por meio de conversas e atividades
- Permitido: raiva e agressividade
- Não permitido: lágrimas, medo, ternura
- Têm dificuldade para pedir ajuda
- Lidam com o conflito diretamente
- São concisos e vão direto ao ponto

FEMININOS
- Vínculo por meio de sentimentos e problemas
- Permitido: lágrimas, medo, confusão, ternura
- Não permitido: raiva, confusão e agressividade
- Não se importam de pedir ajuda
- Evitam, medo de conflito
- São prolixas e discutem detalhes

Gostaria de dizer imediatamente, e mais uma vez, que esses estilos de comportamento são generalizações. Sempre existem exceções à regra... Eu sou um perfeito exemplo. Sou encontrada dos dois lados da lista, dependendo das circunstâncias. Em muitas situações de negócios posso ser bastante direta e assertiva. Poderei envolver-me num conflito se sentir que não sou tratada como deveria ou que tiram vantagem de mim, ainda que no íntimo com freqüência me sinta hesitante e assustada. Além disso, valorizo muito o meu tempo e, por isso, quando estou trabalhando não faço rodeios, concentro-me totalmente e evito discussões demoradas, a menos que sejam absolutamente necessárias. Sou conhecida pelos meus amigos como uma comunicadora direta e uma mulher sensível e amorosa.

Contudo, devemos começar em algum lugar, e essas generalizações proporcionam uma base para o trabalho. É por isso que as rotulo de estilos "masculinos" e "femininos" em vez de estilos próprios a "homens" e "mulheres" – todas as pessoas têm uma combinação de ambos os estilos. A compreensão dessas diferenças quer uma mulher esteja usando um estilo masculino, um homem, um estilo feminino, uma mulher tenha um estilo feminino, etc., o ajudará a melhorar a produtividade e a eficácia de sua comunicação.

Esses estilos de comportamento são generalizações... sempre há exceções à regra.

Independência versus consenso

Iniciando pelo alto da lista, os homens eram programados, em grande escala, para a independência e a superioridade (devido aos deveres de caçar, proteger, lutar, etc., que tinham no passado). Por outro lado, responsáveis pelos relacionamentos e consideradas menos importantes (devido ao papel menos evidente na sobrevivência e para contribuir com o posicionamento da dominância masculina), as mulheres eram programadas mais para o consenso e a inferioridade. No máximo, mesmo atualmente, para a igualdade.

Pense nos rituais familiares em torno da mesa. Quando eu era criança, os jantares em família, com os meus seis irmãos, eram uma tradição. Mamãe e papai sentavam-se nas extremidades da mesa e os filhos, alinhados nas laterais. Mamãe trazia os pratos para papai, que se servia e os passava para nós e para mamãe. Eu me importava de não ser servida primeiro? De jeito nenhum. Mas a mensagem subconsciente enviada era que os homens eram mais importantes. Na hora da sobremesa, papai ganhava um garfo limpo, enquanto o resto de nós lambia o garfo sujo para usá-lo outra vez. Mais uma vez, a mensagem de que os homens eram mais importantes do que as mulheres e as crianças. A sociedade está ficando mais sábia, mas essa programação tem feito parte de nossa criação por centenas de milhares de anos e não irá modificar-se num futuro possível de visualizar.

Como será abordado no Capítulo 6, os homens não se desculpam tanto quanto as mulheres, nem mesmo com a freqüência necessária. A programação de superioridade leva a essa característica. Um exemplo disso envolveu uma advogada amiga minha que, no trabalho, se reporta a um homem. Antes de viajar a negócios, Barb pediu a seu chefe para contatar um cliente por ela e determinar o nível de autoridade dela na mediação agendada para o dia de sua volta. Essa é uma prática comum; não havia nada de estranho nesse pedido.

No dia da mediação, Barb estava inquieta; o encontro iria começar em menos de uma hora e ela ainda não tinha tido notícias de seu chefe porque este se atrasara. Finalmente ele apareceu, contornou o assunto do nível de autoridade e a fez tomar decisões sem ter consultado ou obtido aprovação do cliente. Seu chefe tinha se esquecido de contatá-lo, mas nunca admitiu o esquecimento e nunca se desculpou pelo descuido. Barb me contou que no dia seguinte ele a evitou como se ela fosse uma doença. A culpa mortificava-o. Barb o confrontou com a verdade? Não. Ela pode ser uma advogada excelente quando se trata de litígios, porém continua a detestar conflitos e confrontações. (Essa característica feminina é discutida mais adiante no presente capítulo e também no Capítulo 6.)

Outra manifestação da natureza de lobos solitários dos homens fica evidente em sua definição de responsabilidade. A autora Anne Wilson Schaef, em seu livro *Women's Reality* (HarperSanFrancisco, 1992), explica que os homens pensam em responsabilidade como prestação de contas. Quando alguma coisa não dá certo, a pessoa responsável recebe a culpa. As mulheres tendem a encarar a pessoa responsável como aquela que pode e irá agir quando uma providência precisa ser tomada. A culpa raramente é levada em consideração.

Competição e status versus conexão e harmonia

Novamente, devido às responsabilidades de liderança e proteção, os homens estão mais programados para status e competição que as mulheres, enquanto estas estão mais sintonizadas com a proximidade e a harmonia. A diferença entre status e conexão é profunda e permeia a maioria das interações entre homens e mulheres.

Até mesmo nas conversas, essas diferenças se tornam patentes. De acordo com Deborah Tannen, Ph.D. e especialista em questões de comunicação entre os sexos, autora de *You Just Don't Understand: Women and Men in Conversation* (William Morrow, 1990), os homens geralmente encaram as conversas como "negociações", nas quais tentam alcançar um determinado status e manter sua independência. Com muita freqüência, essa abordagem competitiva é uma tática consciente. As mulheres, por outro lado, tendem a ver uma conversa como meio de ligar-se a outras pessoas.

Eu gostaria de partilhar com os leitores uma história de meu bom amigo Fred. Ela ilustra a natureza competitiva dos homens, em relação a outros homens e a si mesmos.

Numa tarde de calor muito intenso em Washington, DC, Fred participava de uma festa depois do trabalho, numa área descoberta de um bar no centro da cidade. Ele estava saindo quando percebeu a presença de uma moça atraente ("uma gata" em suas exatas palavras) num canto. Decidiu que deveria pelo menos tentar conversar com ela ou ficaria pensando naquela garota a noite toda. Enquanto abria caminho entre as pessoas na direção da jovem, pensou, "É melhor que eu diga alguma coisa inteligente, alguma coisa que a impressione, que me destaque dos outros sujeitos que a estão rondando".

> A diferença entre status e conexão é profunda
> e permeia a maioria das interações entre
> homens e mulheres.

Subitamente, Fred se encontrou frente a frente com ela e o que saiu de sua boca foi, "Então, está... está quente o bastante para você?" Uma frase tola, ele admite, mas eles começaram a conversar e, dois anos mais tarde, Fred e Ellen se casaram.

Tempos depois, Fred perguntou à esposa, "Querida, o que você pensou? O que lhe veio à mente quando eu me aproximei de você naquele dia no terraço do bar?" Ela respondeu, "Bem, você estava usando uma camisa amarela e aquilo o fazia parecer meio macilento (Ellen é consultora de imagem), mas achei que poderia ser um sujeito afável".

Fred não tinha certeza do que aquilo tudo significava e, por isso, abriu um dicionário. A definição de macilento era "sem viço". Credo, pensou. Entretanto, ele se sentia muito bem em relação ao "afável", até compreender que o conceito não envolvia "muita intensidade".

A competição de Fred consigo mesmo e, perceptivelmente, com todos os outros homens desacompanhados em Washington pela atenção de uma mulher atraente foi bem-sucedida a longo prazo, mas, segundo ele, de maneira nenhuma devido à sua inteligência ou primeira impressão causada. Uma nota de advertência para os homens, contudo – não tentem com tanto empenho. As mulheres geralmente perdem o interesse ao ouvir frases ensaiadas e o que parece ser uma grande prática em flertar, e um comportamento de conquista. Um certo nervosismo chama a atenção de muitas mulheres porque elas interpretam o homem como alguém que está realmente querendo causar impacto. ("Talvez ele tenha gostado tanto de mim que isso o tenha deixado constrangido.")

Outro amigo meu, Bill, foi comissário de bordo na metade e final dos anos 70, quando os homens tinham apenas começado a entrar nesse campo de atividade. Bill teve que confrontar a natureza competitiva dos homens diversas vezes, ao trabalhar com pilotos. Ele me contou que muitos deles eram totalmente intransigentes quanto ao próprio território e almejavam ser os únicos homens da tripulação. Os pilotos encaravam os comissários como rivais, que iriam dividir com eles a atenção das comissárias.

Numa ocasião, um dos colegas de Bill levou a refeição de um dos pilotos à cabine de comando. O piloto, simplesmente lhe disse para levar a comida de volta e pedir que uma das comissárias lhe trouxesse a refeição! Fiquei contente em ouvir de Bill que o comissário deixou a bandeja na cabine, explicou ao piloto que aquela era sua refeição e que ele podia comê-la se quisesse; depois, continuou seu trabalho com os passageiros.

Respeitar versus gostar

Os homens preferem ser respeitados e admirados; as mulheres, que gostem delas e as aprovem. Quero deixar claro que não estou afirmando que as mulheres não queiram ser respeitadas e admiradas nem que os homens não queiram que gostem deles. Essas são generalizações e preferências. Muitas mulheres, incluindo eu mesma, ao entrar no mundo dos negócios, negam essa diferença e várias outras. No meu caso, decidi, "Não me importa se eles gostam ou não de mim, preciso ser respeitada para progredir!" Sim, eu precisava ser respeitada para seguir adiante, mas a verdade é que eu também queria que gostassem de mim, e ainda quero. Simplesmente não estava sendo honesta comigo mesma porque sentia que isso soava como algo fraco e sem importância. Se eu tivesse que escolher entre as duas abordagens, na maioria das situações de negócios selecionaria o respeito, porém, em termos gerais, desejo ambas. Devido à natureza mais independente dos homens e à programação de superioridade – além da sua experiência com times esportivos desde a infância –, eles conseguem fazer concessões mais facilmente quanto ao aspecto "gostar", e lutam por respeito.

Stress – silêncio versus verbalização

Os homens tendem a se retrair quando se sentem pressionados. Lembre-se, eles foram programados para a independência e a superioridade, e acham que devem solucionar seus próprios problemas sem a ajuda de ninguém. Se você leu *Men Are From Mars, Women Are From Venus* [Homens São de Marte, Mulheres São de Vênus] (eu o recomendo), poderá lembrar-se das palavras de John

Gray quando diz que os homens entram em suas *cavernas* quando sob pressão. Não querem ajuda; preferem encontrar soluções sozinhos. Por isso se afastam, isolando-se em algum lugar onde possam refletir sobre o assunto e elaborá-lo.

No extremo oposto do espectro, as mulheres falam durante períodos de stress por duas razões: conectam-se umas às outras ao partilhar sentimentos e problemas, e são mais verbais. Examinar as questões em voz alta ajuda-as no processamento e na compreensão dessas questões. Um estilo bem diferente! O que acontece? Os homens vêem e ouvem as mulheres falarem sobre todos esses problemas e pensam, "Nossa, ela vai ter uma crise nervosa a qualquer momento!" Não, trata-se apenas de uma diferença de estilo.

As mulheres observam a atitude dos homens de não contar os problemas nem conversar sobre seus sentimentos, e a tomam como algo pessoal. Como você pode ver, esse estilo normalmente não tem nada a ver com ninguém; é só a maneira como os homens preferem lidar com o stress. Eles precisam do seu momento de isolamento (caverna), as suas horas de "descompressão", como já ouvi alguns deles dizendo.

Laços afetivos – estilos

Os homens ligam-se às outras pessoas por meio de tarefas e atividades – consertando o carro, praticando esportes, pintando a casa, construindo uma garagem. Como acabei de mencionar, as mulheres criam laços principalmente conversando. Quando um homem chega em casa depois de um jogo de futebol e a companheira lhe pergunta como foi o jogo, o que ele responde? "Bem." Em seguida ela lhe pergunta sobre os assuntos que ele e os amigos discutiram. Resposta, "Não falamos sobre nada". Ele está dizendo a verdade! E se eles conversaram sobre alguma coisa durante um certo tempo, ele não se lembra do que foi, apenas que a conversa se passou duas horas antes. Mesmo assim, ele se sente tão próximo dos amigos dele quanto você dos seus; apenas a maneira de criar laços é diferente. Nenhum desses estilos é correto ou errado, bom ou mau. Somente diferente.

"*As mulheres gostam de se sentar com os problemas como se estes fossem o tricô.*"

Ellen Glasgow

É claro que os homens falam, mas em geral não no grau em que as mulheres o fazem; normalmente, suas conversas se focalizam em esportes, passatempos ou negócios. Essas diferenças são internacionais. Meu amigo Andrew, de Sydney, Austrália, comentou comigo sobre a Grande Síndrome do Churrasco Australiano, durante o qual todos os homens ficam em pé ao redor da churrasqueira e falam sobre esportes, enquanto todas as mulheres sentam-se nas proximidades e discutem sobre os filhos e outros tópicos "femininos". Deus ajude qualquer um que tente cruzar os limites; Andrew me alertou de que isso é visto como traição aos colegas do mesmo sexo.

Foi determinado pelos pesquisadores que a direção das empresas tende a considerar os empregados do sexo masculino como orientados para tarefas e as mulheres como orientadas para as pessoas. Esse conceito apóia ainda mais a diferença entre estilos de aproximação. Entretanto, essas orientações não se opõem necessariamente, mas saúdam uma à outra (como a maioria dos diversos estilos discutidos neste livro). As mulheres relatam que, se os seus subordinados estão contentes (resultado de elas serem orientadas para as pessoas), trabalham mais produtiva e eficientemente (são mais orientados para tarefas). Deborah Tannen, em *You Just Don't Understand*, cita uma gerente, "Se os meus funcionários se sentirem bem, eles irão fazer um trabalho melhor para mim".

Raiva versus lágrimas

É mais aceitável socialmente que os homens demonstrem irritação e agressividade, enquanto não é socialmente aceitável que as mulheres expressem esses mesmos sentimentos. Sim, as pessoas estão se tornando mentalmente mais abertas e menos críticas a respeito disso, mas ainda temos um longo caminho a percorrer. Já ouvi o seguinte comentário: no local de trabalho, quando um homem perde a paciência e grita, esse comportamento é visto como assumir o controle. Quando uma mulher perde a paciência e grita, isso é encarado como perder o controle. Pense sobre isso. O mesmo comportamento e total disparidade de percepção, devido somente a diferenças entre os sexos.

> Quando um homem perde a paciência e grita, esse comportamento é visto como assumir o controle.
> Quando uma mulher perde a paciência e grita, isso é encarado como perder o controle.

Centenas de anos atrás, quando os japoneses começaram a treinar guerreiros samurais, eles instruíam mulheres assim como homens. As mulheres eram simplesmente tão precisas com suas armas quanto os homens. Contudo, tiveram que parar de incluir as mulheres, uma vez que estas eram mortas com muito mais freqüência. Por quê? As mulheres esperavam para atacar somente quando estavam 100% seguras de que o inimigo queria feri-las. Não podiam ter essa certeza até que a espada já tivesse atravessado seus corpos!

Uma jovem lamentou, durante um de meus workshops, o fato de seus colegas de trabalho, tanto homens quanto mulheres, ficarem ressentidos por ela se mostrar mais assertiva e extrovertida nas reuniões. A razão disso é que ambos os sexos esperam das mulheres atitudes delicadas e harmoniosas. Não há absolutamente nada de errado no fato de as mulheres serem assertivas. Minha sugestão é que também sejam polidas e respeitosas.

Aproveite as oportunidades, fora das reuniões, para deixar seu lado mais suave sobressair... a propósito, todos têm um aspecto mais ameno. Enquanto você tratar os outros com respeito e compaixão, fizer seu trabalho da melhor maneira possível e comunicar-se com clareza e cortesia, não precisa preocupar-se com o fato de ser demasiado assertiva. Seja você mesma e logo seus colegas a compreenderão e irão sentir-se à vontade com o seu estilo.

Pedidos de ajuda

Pode ser difícil para os homens pedir ajuda porque eles estão ligados a status, independência e superioridade. Evidentemente, o primeiro exemplo que os participantes de meus seminários mencionam é... pedir indicações de caminho. Por outro lado, as mulheres, normalmente não se importam de pedir ajuda. Elas pararão o carro a cada duas quadras, se preciso. Dessa maneira, fazem amizades... e encontram novas pessoas com quem conversar!

"Hoje, se você não estiver confuso,
simplesmente não está pensando com clareza."
U. Peter

Entretanto, vamos comparar como homens e mulheres *dão* indicações de caminho. Comumente, quando você recebe informações de um homem, sabe exatamente para onde está indo. Siga por esta avenida, ande dois quarteirões e vire à esquerda no farol, segunda casa à direita, número 4020. Ao contrário, as mulheres são mais visuais e orientadas para detalhes. "Sabe onde fica aquela igrejinha branca no final da rua? Sim, bem no fim da rua. Mas não vá tão longe."

Uma mulher uma vez me orientou pelo telefone, "Antes de chegar lá, vai *sentir* vontade de virar à direita, porém, em vez disso, vire à esquerda." Quer saber? Confiei nela. Pensei, "Muito bem, vou chegar a um lugar onde terei vontade de virar à direita, mas não devo virar. Acho que vou saber disso quando chegar lá". E eu soube!

Esse, na verdade, é um exemplo das diferenças *entre* mulheres – eu teria descrito aquela conversão da seguinte maneira, "Quando a senhora chegar à bifurcação, pegue a rua mais estreita, à esquerda".

Conflito – confrontar versus evitar

Os homens tendem a lidar com o conflito de maneira direta, novamente devido à programação de competição e superioridade. As mulheres, entretanto, com freqüência, evitam e temem o conflito. Foram ensinadas a não ferir os sentimentos alheios. Sua programação as faz pensar que, se deixaram alguém furioso, poderão morrer. Essa é uma questão realmente profunda. Em numerosos casos, as mulheres (especialmente mulheres de negócios) irão envolver-se em conflitos, mas somente quando não virem outra alternativa. Esse tópico será abordado mais minuciosamente no Capítulo 6.

Concisão versus prolixidade

Os homens, programados para comunicar-se com o objetivo de garantir a sobrevivência das pessoas, de manter a espécie viva, geralmente falam pouco e vão direto ao assunto. Eles se comunicam para solucionar problemas e chegar a conclusões, enquanto as mulheres se comunicam com a intenção de criar laços, relacionar-se e serem compreendidas. Combine esse propósito com uma porção maior do cérebro voltada para capacidades verbais e mais atenção a detalhes no trato social, e você tem mulheres discutindo as coisas com excesso de detalhes.

Uma das minhas irmãs, Kathy, era administradora-assistente de um hospital de San Antonio, especializado em reabilitação. Um paciente queixou-se de uma das enfermeiras que trabalhava para Kathy, e esta pediu à enfermeira que seguisse o protocolo e preenchesse um relatório de duas páginas. Kathy o enviou para seu chefe; o relatório voltou no dia seguinte pelo malote interno com uma nota que perguntava, "Do que se trata?" Kathy escreveu na nota, "Uma enfermeira se comportou mal e foi avisada de que, se isso se repetir, ela será despedida". Mandou a mensagem de volta e não recebeu mais nenhuma palavra do chefe. Aquilo era tudo que ele queria saber. Queria a conclusão ou resumo e não ler um relatório de duas páginas. Diferenças de estilo.

Um sócio meu nos negócios é presidente de uma bem-sucedida empresa de importação e exportação. Uma advogada, subordinada a ele, o mantém informado, com detalhes exaustivos, sobre qualquer situação em que esteja envolvida. Seu nível de exatidão é cansativo para muitos de seus colegas.

Meu amigo é paciente com ela e lhe permite trabalhar dentro de limites que a fazem se sentir bem – o que significa ter certeza de que ele sabe tudo o que ela sabe –, porque, em última análise, ela faz um trabalho muito bom. Ele afirma que isso leva mais tempo do que o necessário, mas acredita que seja um investimento valioso, uma vez que o produto final é compensador. Acho que essa advogada deveria agradecer suas bênçãos, pois tem um chefe muito compreensivo. A maioria dos homens, e das mulheres com um estilo masculino de comunicação, não teria paciência de ouvir todos os pormenores relacionados com seus processos e vitórias legais.

"O problema não é o fato de haver problemas.
O problema é esperar o contrário e pensar
que ter problemas é um problema."
Theodore Rubin

Você vê como diferentes estilos de comportamento podem causar problemas? Nós avaliamos o sexo oposto com base em nossos próprios estilos e isso, com freqüência, traz resultados contrários ao que se esperava. Julgamos e presumimos que os outros estão tentando ser difíceis intencionalmente, ou ocultam informações, ou se mostram *demasiadamente* emotivos em vez de simplesmente *mais* emotivos. Somos programados de maneira diferente por razões de sobrevivência. A comunicação e, portanto, os relacionamentos pessoais e profissionais são diretamente afetados.

Nós avaliamos o sexo oposto com base em nossos próprios estilos e isso, com freqüência, traz resultados contrários ao que se esperava.

Os dois capítulos seguintes tratam de aspectos específicos da comunicação. Essas diferenças e os mal-entendidos que elas causam são bem conhecidos, reveladores e instrutivos.

"Primeiro mudamos os nossos hábitos,
depois os nossos hábitos nos mudam."
John Dryden

CAPÍTULO

5

DIFERENÇAS DE PERCEPÇÃO NA COMUNICAÇÃO: ESTILO DOS HOMENS OU MASCULINO

"Se Deus quisesse que as mulheres
compreendessem os homens,
o futebol nunca teria sido criado."
Escrito num adesivo de pára-choque

Um número muito grande de problemas de comunicação se origina de mal-entendidos e uma percepção falha. Enxergamos os outros através de nossas próprias lentes e experiências, e emitimos juízos com base naquilo a que estamos acostumados e que nos é familiar. Chegamos a suposições, geralmente incorretas, a partir de inocentes diferenças de estilo.

À medida que for absorvendo essas informações, gostaria de pedir-lhe que as considerasse sob duas perspectivas. (1) Que você pode estar *percebendo equivocadamente* o sexo oposto e (2) que você pode estar *sendo percebido equivocadamente* pelo sexo oposto.

É importante adaptar não apenas a sua percepção das outras pessoas, mas também seu comportamento em relação a elas. Por quê? Porque será preciso que homens e mulheres se esforcem juntos para fazer cessar essa "batalha entre os sexos" e melhorar nossa comunicação e nossos relacionamentos.

> É importante adaptar não apenas a sua percepção das outras pessoas, mas também seu comportamento em relação a elas.

Como já mencionei várias vezes, ao mesmo tempo que lê o livro, por favor esteja atento ao fato de que sempre existem exceções à regra. Você verá a si mesmo e a seus conhecidos de ambos os lados da página, dependendo da situação e das pessoas envolvidas. Por exemplo, ao lidar com negócios, na maioria das vezes tenho um estilo de comunicação direto, masculino (pelo menos penso que sim). Por quê? Suspeito que por estar no mundo dos negócios há muito tempo e trabalhar basicamente com homens durante longos anos, e por ter aprendido a importância de usar bem o tempo. Em minha vida pessoal, geralmente emprego um estilo de comunicação feminino... muito mais suave e menos assertivo. Quando sou responsável por alguma coisa ou encarregada de uma tarefa, seja no âmbito profissional ou pessoal, a minha comunicação tem um tom mais direto. Não necessariamente rude, só mais objetivo, assertivo e prático.

Conheço mulheres que são bastante diretas e decididas em todas as arenas da vida e homens que usam uma forma indireta e suave de comunicação. Certamente haverá exceções, mas, outra vez, temos que começar em algum lugar, ter um fundamento para o estudo. Se ficar mais fácil compreender e relacionar-se com os conceitos, talvez seja preferível considerar os estilos como masculino e feminino, e não como próprios aos homens e às mulheres.

Observe a lista de estilos masculinos no gráfico e veja também que as mulheres, com freqüência, não têm uma percepção clara nem compreendem os homens pelo fato de julgarem os estilos a partir de suas próprias abordagens de comunicação e experiências. Os homens são rotulados de rudes, maníacos pelo poder ou outros termos depreciativos, em geral sem merecer, uma vez que as mulheres os vêem de uma perspectiva própria e os julgam por não se comportarem de maneiras que são mais familiares às mulheres e com as quais se sentem à vontade.

"Saber não é suficiente; temos de aplicar o conhecimento. Querer não é suficiente; temos de agir."
Johann von Goethe

ESTILO MASCULINO/ PRÓPRIO AOS HOMENS	PERCEPÇÕES FEMININAS/ DAS MULHERES
• Discussão infreqüente dos problemas	• Distante, resistente, insensível
• Falam para decidir e resolver problemas	• Os homens vêem as mulheres como fracas, indefesas, incapazes de solucionar problemas
• Objetivos, concentrados, poucos detalhes	• Ocultam informações, são rudes
• Não oferecem o mesmo apoio emocional	• Não se incomodam
• Ouvem em silêncio; processam internamente	• Não prestam atenção ou não se incomodam
• Evitam olhar nos olhos direta e constantemente	• Não prestam atenção; evitam ligar-se às pessoas
• Usam humor agressivo e depreciativo	• Insensíveis, maldosos
• Apossam-se de mais espaço físico	• Controladores, status superior, maior poder
• Tomam decisões de forma independente	• Não valorizam as opiniões das mulheres
• "Faça isto," "Pegue aquilo"	• Exigentes, gostam de mandar
• "Menina", "Doçura" "Garota", etc.	• Não respeitam as mulheres; estas se sentem diminuídas

Menos discussão dos problemas

Devido à sua programação para a independência e a superioridade, os homens discutem problemas com pouca freqüência. Por outro lado, as mulheres, que se ligam às pessoas por meio da discussão de problemas, mesmo quando sabem exatamente o que querem fazer, consideram os homens resistentes, que não se aborrecem com nada. Ou então, que os homens são demasiadamente distantes para falar sobre seus aborrecimentos. Não é verdade. Trata-se somente de uma diferença de estilo.

Em meus workshops proponho um exercício no qual os participantes escrevem, mantendo o anonimato, alguma coisa que seria importante o sexo oposto compreender melhor a respeito deles. Em todos os eventos, pelo menos um homem expressa o desejo de que as mulheres soubessem o quanto ele é sensível. Os homens podem não discutir problemas ou expressar emoções com a mesma facilidade ou freqüência que as mulheres, mas isso não significa que eles não pensem sobre questões perturbadoras ou não as sintam.

> **DICA DO GENDERSMART**
> Mulheres, não concluam precipitadamente que os homens são insensíveis e distantes. Homens, continuem se esforçando para entrar em contato com os seus próprios sentimentos. Parem e pensem na razão pela qual reagem do modo como o fazem, o que os deixa irritados e por quê, o que toca o seu coração. Reconheçam de que maneira as mulheres podem percebê-los e tentem partilhar com maior freqüência alguns problemas com aqueles que lhes são próximos.

Falar para resolver

Os homens falam para decidir e resolver problemas. Eles eram responsáveis por salvar vidas! A tendência para solucionar problemas, quer lhes tenham pedido ajuda ou não, está profundamente arraigada em sua natureza. Eu também tenho essa tendência. Estou no mundo dos negócios há mais de 25 anos e, portanto, geralmente presumo que se alguém me traz um problema tenho que decidir o que fazer. Começo a oferecer soluções. Contudo, essa pessoa pode não esperar soluções. Ela ou ele poderia simplesmente querer partilhar e processar sua dificuldade. De forma que, quando um homem ou qualquer pessoa com esse estilo masculino em particular propõe soluções, algumas mulheres pensam, "Nossa, ele acha que eu não sou capaz nem mesmo de resolver os meus próprios problemas, e que a minha vida é uma confusão. Isso não é verdade, estou apenas conversando, apenas partilhando! Sei o que tenho de fazer".

Obviamente, exceções à regra existem, em especial no ambiente de trabalho. Se uma reunião foi marcada com o objetivo de abordar um problema, ou alguém afirma, na realidade, que gostaria de saber sua opinião, nesse caso soluções são certamente esperadas. Para otimizar qualquer conversa, sintonize-se com ela e preste atenção.

DICA DO GENDERSMART

Você vê essa diferença e como uma percepção falha ocorre? O que fazer para evitar essa intrusão? Quando alguém lhe trouxer um problema, simplesmente pergunte, "Você quer que eu apenas ouça ou gostaria de algumas idéias?" E então a pessoa que está discutindo o problema precisará ser honesta quanto a querer ajuda ou apenas ser ouvida. Portanto, apenas pergunte e evite um mal-entendido antes que ele ocorra!

Abordagem objetiva, concentração

Os homens são muito concisos e concentrados, apresentando poucos detalhes. A programação de superioridade e independência leva a esse comportamento. (Engenheiros, arquitetos e cientistas seriam exceções desse estilo em particular, pelo menos no local de trabalho. Cubra-os de pormenores sobre os vizinhos ou uma novela de televisão, entretanto, e sua atenção poderá simplesmente ir se desvanecendo, e ele se desligará como muitos outros homens de qualquer área de atividade.) Um resultado de estilos diferentes que envolvem níveis de detalhe é as mulheres, algumas vezes, acharem que os homens escondem intencionalmente informações e conscientemente fazem jogos de poder.

Um homem sai de uma reunião. Uma colega se aproxima e pergunta como foi a reunião. Ele responde, "Bem". Ela lhe pergunta o que foi discutido. Ele diz, "Ah, as coisas de sempre", e continua a andar pelo corredor. Ela fica ali em pé, envolta na nuvem de poeira deixada por ele, incrédula com o fato de ele ter ignorado de modo tão gritante seu pedido de informação e conexão, e intencionalmente deixado de transmitir-lhe informações importantes.

Um mal-entendido, na maioria dos casos. O mais provável é que, no momento em que ele tiver andado três metros pelo corredor, já terá esquecido até mesmo que ela lhe perguntou sobre a reunião. Ele simplesmente não está predisposto a detalhes e, depois de terminada a reunião, o seu foco se desvia para a próxima vida que precisa salvar.

DICA DO GENDERSMART

Se ela (ou quem quer que peça mais informações) precisar de mais detalhes para um relatório ou de apenas um simples *por que*, tudo que tem a fazer é pedir. "Espere um segundo, você pode me dar um pouco mais de informação sobre a reunião? O que há de novo sobre o projeto?"

Homens, por favor, compreendam que detalhes para as mulheres são como... cerveja ou automóveis ou esportes ou um bom filé para vocês. Eles são alimento! (Sim, usei um estereótipo, espero que de uma maneira gentil e bem-humorada. Esse comentário não pretende, de modo algum, ser ofensivo aos homens. Precisamos nos levar menos a sério para viver em harmonia.)

Menor apoio emocional

Os homens tendem a não dar o mesmo nível de apoio emocional que as mulheres. Eles foram treinados para não demonstrar sentimentos; por isso, as mulheres pensam, "Ei, ele não está me consolando ou dizendo alguma coisa delicada, ou passando o braço em volta dos meus ombros... ele simplesmente não me compreende e não se importa comigo!" Não necessariamente. Muitos homens mostram seus sentimentos mediante tarefas, como cuidar da família financeiramente, manter a grama aparada e as plantas podadas, fazer pequenos serviços de rua e consertar o armário quebrado. Isso soa como retórica dos anos 1950, porém ainda hoje é aplicável em muitos casos.

"O amor constrói pontes onde não existe nenhuma."

R.H. Delaney

Considere as vendas, por exemplo, como um setor em que essa falta óbvia de apoio emocional se torna mais aparente. Numa pesquisa realizada em 1997 por Judith Tingley, autora de *GenderFlex: Men and Women Speak Each Other's Language at Work*, ambos os sexos relataram que a maior fraqueza observada nos vendedores do sexo masculino foi a ausência de autenticidade e honestidade.

Num artigo de novembro de 1998, publicado pela revista *Forbes*, Jim McCann, Presidente da 1-800-FLOWERS, comentou, "Quando nós homens assinamos um contrato importante, não saímos correndo do escritório gritando 'Viva!' As mulheres se apressam em fazer isso. Portanto, quando quero dar uma boa notícia aqui na empresa, certifico-me de que o grupo inclui mulheres. Elas tendem a demonstrar sua alegria, e esse comportamento faz com que a sala inteira se sinta melhor. É bom para o moral".

Um modo pelo qual os homens expressam afeto e apoio emocional um pelo outro é por meio do contato físico ou de uma tumultuada troca de golpes. Segurar o outro, socos no braço, imitação de luta de boxe, por exemplo. Uma vez que os homens não são tão sensíveis ao toque quanto as mulheres, tendo em geral um corpo maior e mais forte, empurrar e bater não causam sensações desagradáveis para a maioria deles. Entretanto, a maior parte das mulheres acha essas atividades desagradáveis. Quando eu era criança, meu irmão mais velho muitas vezes me preparava uma emboscada; ficava escondido num canto e, quando eu passava, me golpeava o braço ou me beliscava. Compreendo agora que essa era a sua forma de se aproximar de mim e de expressar afeição, mas na época eu ficava furiosa.

Em *Live and Learn and Pass It On*, de H. Jackson Brown, Jr., uma jovem de 19 anos escreveu, "Aprendi que quando você vem da faculdade para visitar a família e o seu irmão mais novo luta com você e a atira no chão, esta será sua maneira de dizer que ele a ama".

> ### DICA DO GENDERSMART
> Esta é principalmente uma diferença de estilo, um desequilíbrio de programação que pode ser corrigido com um pouco de percepção e esforço. Homens, saibam que a maioria das mulheres espera e precisa de mais apoio emocional do que aquele que vocês costumam oferecer. Mulheres, não partam do princípio de que os homens não se importam. Eles apenas podem não demonstrá-lo imediata e obviamente como vocês o fazem. Digam-lhes o que querem, tão especificamente quanto possível, e os lembrem de suas necessidades periodicamente, com delicadeza, porém de maneira direta. Lembre-se de que a maioria das mulheres tem de 60 a 70% das suas necessidades emocionais atendidas por outras mulheres!

Ouvem em silêncio

Os homens tendem a ouvir em silêncio. Eles processam as coisas internamente e, novamente, não se espera que demonstrem sentimentos e reações. Isso os faria se sentirem fracos e vulneráveis. Você poderá estar abrindo seu coração e terá sorte se receber um piscar de olhos. Em geral as mulheres são o exato oposto, olhos em completo contato e muito expressivos, quase como um espantalho açoitado por um vento forte. "Oh, meu Deus! Você deve estar brincando! É tão terrível; espere até eu contar para Marsha!" Uma tremenda atividade em curso, mas você sabe que a pessoa está ouvindo. O que ocorre é apenas uma diferença de estilo.

"Um bom ouvinte tenta compreender cuidadosamente o que a outra pessoa está dizendo. No final, ele poderá discordar de maneira enfática, mas antes de discordar ele vai querer saber exatamente com o que é que não está concordando."
Kenneth Wells, em Guide To Good Leadership

Um pequeno estudo realizado pela Indiana University School of Medicine em 2000 revelou, mediante sofisticados exames de ressonância magnética, que, enquanto ouvia, a maioria dos homens mostrou atividade apenas na metade esquerda do cérebro. A maior parte das mulheres indicou atividade em ambos os lobos. A interpretação? Várias. As mulheres *querem* dar sua total atenção; isso faz parte de sua orientação para ligar-se aos outros e se relacionar. Os homens em geral escutam por necessidade, e não vontade, e portanto não se dedicam totalmente. As mulheres ouvem, empregando a lógica e a emoção. Poderíamos dizer que as mulheres têm de se esforçar em dobro para ouvir. Contudo, eu imagino, com base em meus estudos, que poucas pessoas iriam concordar com essa última interpretação.

Tanto homens quanto mulheres consideram as mulheres melhores ouvintes, mas nem sempre isso ocorre. Uma vez que as mulheres estão programadas para criar harmonia e consenso, tendem a deixar alguma coisa de lado para poder ouvir. Entretanto, você se lembra de que eu disse que os homens são mais concisos e se concentram mais? Se um homem estiver assistindo a um jogo pela televisão ou lendo o jornal, ele não a ouvirá. O mesmo acontece comigo quando leio um livro. Alguém tem que bater de leve em meu ombro para chamar minha atenção se eu estiver realmente absorta na leitura.

Outra manifestação da queixa de que "os homens não ouvem" me foi explicada por uma pessoa do auditório. Ele ensina esqui para crianças. Sua experiência lhe mostrou que as meninas ficam quietas, escutam atentamente e aprendem mais depressa que os meninos. Estes, por outro lado, correm, fazem desordem, distraem-no, distraem as meninas e, por isso, no final das aulas, não chegam a desenvolver as mesmas habilidades que elas. No entanto, talvez eles se divirtam mais.

"Temos dois ouvidos e uma boca para que possamos ouvir duas vezes mais do que falamos."

Epicteto

Os estilos das pausas durante a conversa também variam significativamente. Os homens falam sem interrupção, sentindo-se livres para cortar a palavra uns dos outros e alternar-se no diálogo. As mulheres tendem a falar com pausas intencionais, permitindo às outras pessoas assumirem sua vez na conversa. A interrupção é usada apenas para algum comentário urgente. Como resultado, as mulheres consideram os homens controladores; acham que eles intencionalmente desconsideram as contribuições femininas; por sua vez, os homens pensam que as mulheres são tímidas, e suas interrupções insistentes e demasiadamente emocionais.

Os estilos de conversação são influenciados por outros fatores além do sexo. Cultura, religião, etnia, geografia e criação, para citar alguns. As diferenças de sexo representam somente uma maneira de ajudar a compreender as diferenças; uma boa maneira em minha opinião, porque todos podemos diferenciar imediatamente os homens das mulheres e nos relacionar com essa óbvia variação entre as pessoas. A observação das diferenças de uma perspectiva sexual algumas vezes é criticada e vista como uma supersimplificação, porém se isso for o que se pode compreender e assimilar, se isso faz sentido para as pessoas, e não for impreciso para elas, que mal pode haver em ser simples?

> ### Dica do GenderSmart
> Meu conselho tem dois aspectos: Mulheres, sejam estratégicas e seletivas quanto aos momentos que escolherem para discutir algo importante com um homem, e saibam que ele não lhes dará o grau de indicações óbvias de que estão prestando atenção, um grau cômodo para vocês. Homens, conectem-se com a sua capacidade ativa de ouvir. Estejam atentos para a maneira pela qual são percebidos por aqueles que tentam se comunicar com vocês.

Menor contato visual

Antigamente e até certo ponto ainda hoje, se considerava um sinal de agressão os homens olharem nos olhos de uma mulher fixamente, mantendo um contato direto e constante. Eles também acham que, se uma mulher os encara firmemente, ela está flertando. Conseqüentemente, os homens evitam o contato visual demorado, e isso faz com que as mulheres suponham que os homens não prestam atenção a elas, que evitam uma conexão entre eles.

"As pessoas somente vêem aquilo que estão preparadas para ver."
Ralph Waldo Emerson

Deborah Tannen dirigiu um estudo que envolvia a questão do ouvir. A pesquisadora filmou três grupos de meninas e três grupos de meninos, de 5, 10 e 15 anos. Colocou cada grupo numa sala com duas cadeiras. Em cada um dos casos, independentemente da idade, as meninas se sentaram de maneira que pudessem se olhar. Elas posicionaram as cadeiras de frente umas para as outras ou viraram o corpo para poder manter o contato visual. Quanto aos meninos, todos eles, qualquer que fosse a idade, sentaram-se lado a lado e olharam em volta da sala, para o chão, mexeram nas unhas e evitaram fixar os olhos uns nos outros.

A dra. Tannen também filmou adultos, funcionários de empresas em todo o país. O mesmo comportamento foi documentado. As mulheres viravam a cabeça durante as reuniões para observar os presentes, com o objetivo de estabelecer contato visual com a pessoa que estivesse falando. Os homens olhavam para a frente ou mexiam na caneta ou no papel, enquanto falavam ou quando estavam só ouvindo.

É aqui que a minha intuição e capacidade de compreender as pessoas se mostram úteis. Uso um contato visual relativamente direto ao comunicar-me com mulheres ou homens. Quando falo com um homem, sintonizo-me e observo seus olhos e sua linguagem corporal. Com certa freqüência, posso dizer o momento em que ele passa a imaginar o que estará acontecendo. Consigo ver em seu rosto quando começa a perguntar-se se eu estou flertando com ele. Todas as vezes que detecto esse sinal, desvio os meus olhos durante um ou dois segundos, para quebrar momentaneamente a conexão.

Como já mencionei, sempre há exceções à regra. Um executivo que conheci pouco tempo atrás, para todos os propósitos práticos, olhou-me fixamente durante toda a nossa reunião. Em mais de vinte anos de carreira, nunca havia encontrado esse nível de contato visual direto. Ele nunca afastou o olhar, nunca hesitou, mal piscou. Estava flertando? Não, seu comportamento era agressivo, controlador; sua postura, de poder. Fiz minha apresentação como de costume, devolvi seu olhar de uma maneira não ameaçadora e ignorei a armadilha.

No outro extremo do espectro, se encontra a situação vivida por uma cliente que também é minha amiga, Kris. Alguns anos atrás, Kris planejou, coordenou, organizou e realizou uma convenção nacional para a companhia na qual trabalhava na época. Uma tarefa muito importante, como qualquer organizador de eventos sabe.

Quase no final do estágio de planejamento, o presidente da empresa decidiu envolver-se pessoalmente no projeto e quis cortar o número de participantes, ainda que a maioria já tivesse sido convidada. Kris e seu chefe se reuniram com ele em sua sala; enquanto lia a lista de participantes, o presidente questionava a inclusão de cada nome. Kris pacientemente lhe explicava as razões de convidarem cada uma daquelas pessoas. Nem uma única vez o presidente estabeleceu contato visual direto com ela. Olhava para o seu chefe, um homem, ao fazer as perguntas e, depois, novamente para o chefe ou para a lista que tinha nas mãos, à medida que Kris respondia.

Em minha opinião, isso foi muito além das diferenças de sexo e da dificuldade de olhar nos olhos; esse incidente demonstrou pouca capacidade de liderança. Embora ela soubesse que aquele executivo tinha a reputação de comportar-se desse modo desagradável com relação às mulheres, Kris sentiu que sua presença fora ignorada e que tinha sido tratada rudemente, e eu concordo com ela. Penso que, além das diferenças baseadas no sexo, parte do comportamento do presidente pode ter resultado do fato de ele ser socialmente tímido ou não saber o nome dela, porém essa não é uma desculpa para ignorar alguém. Se foi isso que ocorreu, considerando-se que aquela era a primeira reunião de Kris com o presidente, seu chefe deveria tê-la apresentado logo que entraram na sala. (Leia outro aspecto dessa mesma reunião na seção de desculpas, Capítulo 6.)

> **DICA DO GENDERSMART**
>
> Como você provavelmente já terá percebido, aconselho as mulheres a reconhecerem que muitos homens não irão manter um firme contato visual, com o qual as mulheres se sentem mais confortáveis. Isso não significa falta de atenção ou sintonia. Se isso provocar distração de sua parte, toque no braço dele para atrair a atenção ou lhe diga que você prefere o contato dos olhos para concentrar-se melhor, e lhe peça delicadamente sua cooperação. Homens, esforcem-se para conseguir um contato mais direto, olhos nos olhos, principalmente com mulheres que esperam esse comportamento do seu interlocutor.

Humor agressivo

Os homens tendem a empregar um estilo mais agressivo de humor, por meio do qual depreciam as pessoas. As mulheres, com uma programação voltada para a harmonia, julgam esse estilo ofensivo; como elas não riem quando os homens fazem isso, estes acreditam que as mulheres não têm senso de humor.

> *"Uma diferença de gostos quanto a brincadeiras exerce uma grande pressão sobre os afetos."*
>
> George Elliot

Subconscientemente, esse comportamento em que um humor agressivo é usado se origina de uma tentativa de aparentar superioridade, uma vez que diminuir alguém impulsiona o "depreciador", levando-o a uma posição mais elevada, mais forte, superior. Eles depreciam os outros para ficar numa posição superior. É uma questão de status.

Em *You Just Don't Understand*, Deborah Tannen se refere a esse comportamento como "estar por cima". A atitude masculina dá suporte ao mundo dos homens, no qual eles estão acima ou abaixo de seus pares. Sua abordagem do humor com representantes do mesmo sexo envolve ofender intencionalmente um ao outro, estabelecendo dominância e hierarquia, de modo consciente ou inconsciente. Na maioria dos casos, os homens não tentam ofender de propósito; esse estilo é sua maneira de fazer negócios, por assim dizer. É tudo que conhecem; trata-se da hierarquia na qual foram criados.

Anne Wilson Schaeff, em *Women's Reality*, elabora esse conceito ao explicar que, quando duas pessoas se aproximam, os homens automaticamente supõem que uma delas deve ser superior e a outra, inferior. Não existe meio-termo. Muitas vezes, os homens não querem necessariamente estar por cima, mas diante da única outra escolha, a de estar por baixo, eles irão competir por aquilo que consideram uma posição superior.

Talvez isso ajude a esclarecer por que muitos homens demonstram dificuldade em lidar com o conceito de igualdade. Os meninos sempre têm líderes, técnicos, chefes e pessoas acima deles em autoridade. A hierarquia é um estilo de vida para eles. Em *Smashing The Glass Ceiling*, a autora Pat Heim chama a atenção para o fato de que meninas são criadas numa hierarquia plana, segundo a qual ninguém é "chefe". Se uma criança do sexo feminino tenta assumir o comando e tornar-se líder, ela é afastada do grupo, caindo no ostracismo. Atualmente, entretanto, com o crescente número de meninas que praticam esportes, elas têm sido expostas a essa abordagem hierárquica.

As mulheres raramente usam o estilo de humor agressivo, que significa ficar acima, por serem educadas para manter a harmonia e não ferir os sentimentos de ninguém. Essa é a razão pela qual com freqüência interpretam os homens como insensíveis e maldosos, enquanto estes as vêem como se lhes faltasse senso de humor.

> **DICA DO GENDERSMART**
> Nenhuma das duas percepções é verdadeira. Repetindo, diferenças de estilo levam a suposições e mal-entendidos. Além disso, as mulheres *têm* senso de humor, é claro. Apenas, seu humor é de um tipo diferente. Ambos os sexos se beneficiariam se mantivessem e demonstrassem um senso de humor saudável e sem agressividade. Rir ao mesmo tempo, um *com* o outro e não um *do* outro, revela aceitação e respeito.

Espaço equivale a poder

Os homens geralmente ocupam mais espaço físico. Eles cruzam as pernas colocando o tornozelo sobre o joelho, põem os pés sobre a mesa de trabalho, espalham papéis durante reuniões de negócios e passam o braço pelo encosto da cadeira ao lado deles. O espaço transmite uma sutil mensagem de poder. As mulheres, menores, mais delicadas e mais contidas fisicamente ("Sente-se ali, fique quieta e mostre como é boazinha." "Menina não se senta assim!" Sem mencionar que não seria apropriado se a mulher estivesse usando um vestido ou saia.) são percebidas como se fossem menos poderosas, menos confiantes e menos eficientes.

> **DICA DO GENDERSMART**
> Mulheres, espalhem seus papéis, coloquem o braço na cadeira desocupada ao lado... ocupem mais espaço!

Decisões independentes

Devido basicamente à sua sintonia com o status, a independência e a superioridade, os homens tendem a tomar decisões de forma independente. Eles processam as coisas internamente. Não falam sobre o assunto. Não pedem a opinião dos outros com a mesma freqüência que as mulheres. Em decorrência disso, as mulheres acham que os homens não se importam com o que elas pensam, que não valorizam as opiniões femininas. "Ele não acha que eu tenho alguma coisa para oferecer porque não pergunta o que eu penso." Esse estilo independente muitas vezes transmite a mensagem de que os homens são indiferentes, evitam ligações com outras pessoas e gostam de competir por poder e controle. As mulheres, mais uma vez usando um estilo diferente, muitas vezes abordam a questão das decisões por meio de um estilo que envolve consenso, pedindo a opinião de outras pessoas mesmo quando sabem o que precisa ser feito. Isso será discutido mais profundamente no próximo capítulo.

> ### DICA DO GENDERSMART
>
> Mulheres, não se precipitem em tirar conclusões. Homens, peçam aos outros que exponham suas visões sobre determinado assunto. Isso não apenas os ajudará a se sentirem valorizados e respeitados, mas também proporcionará alguma opinião interessante e boas idéias.

"Faça isto!"

Para muitas mulheres, os homens parecem "disparar" ordens. Uma falta evidente de "por favor" e "obrigado" tende a fazer com que seus pedidos e instruções soem rudes, como se fossem exigências e imposições. As mulheres, num esforço inconsciente de manter a harmonia, dizem-lhes por favor e obrigada um exagerado número de vezes.

Craig Rydin, presidente da Godiva Chocolatier, afirmou no artigo "Surviving in No-Man's-Land", publicado na edição de novembro de 1998 da revista *Forbes*, "Se você for um administrador do tipo comando-e-controle, desista de trabalhar numa empresa com muitas mulheres". Quer o senhor Rydin tenha feito esse comentário de modo intencional ou não, ele se aplica a homens *e* mulheres com características de comando-e-controle. Especialmente a mulheres que supervisionam outras mulheres. Devido à hierarquia horizontal que mencionei anteriormente, as mulheres esperam que membros de seu próprio sexo as tratem como iguais, e não como subordinadas. Muitas têm uma grande dificuldade para receber ordens de outras mulheres, mais ainda do que de homens.

> ### DICA DO GENDERSMART
> Seria útil usar de certo equilíbrio aqui. Os homens poderiam dizer mais vezes por favor e obrigado. As mulheres, menos vezes, já que o excesso pode drenar a força de suas afirmações e, portanto, enfraquecer a maneira como são vistas.

Comentários condescendentes

Um grupo que tenha sido oprimido durante um longo tempo, e que só agora possa respirar livremente, irá sentir-se desrespeitado e desvalorizado quando se referirem a ele em termos de desigualdade. "Homem/mulher" se equivalem. "Homem/menina", não. "Homem/doçura" também não correspondem um ao outro.

Em minha opinião, mais de 95% dos homens que usam esses termos não pretendem ofender. É um hábito, uma maneira afetuosa de falar, uma escolha melhor do que "Ei, você!" quando não conseguem lembrar-se do nome de uma mulher. Penso que uma minúscula minoria dos homens usa intencionalmente essas expressões como uma estratégia do jogo de poder, tão poucos que nem merecem receber atenção neste livro.

Quando eu era vice-presidente sênior da Sales and Account Service, participei de uma reunião com um chefe que me chamou de "doçura" na frente de um importante cliente em potencial. Este ainda não estava familiarizado com a minha capacidade e, por isso, o comentário do meu chefe me preocupou bastante. Eu me senti desvalorizada e receei que o cliente em perspectiva não me levasse a sério. É interessante notar que meu chefe e eu éramos bons amigos, sendo ele um dos meus maiores admiradores. Ele conhecia o valor do meu trabalho e do meu conhecimento especializado. Eu soube, naquele momento, que sua intenção tinha sido a de expressar afeto, porém minhas preocupações tinham um sólido fundamento. Expliquei tudo isso a ele depois da reunião.

Por outro lado, esses termos raramente me ofendem. Eu tento me concentrar na intenção. Mas esse é o meu ponto de vista e pode não funcionar para muitas mulheres que podem ter experimentado outras formas de depreciação ou desrespeito.

Se esses termos aborrecem uma mulher, não há absolutamente nada de errado nisso. Você tem todo direito de defender seus sentimentos. Minha reação a essas palavras é apenas uma reação pessoal. A chave para a solução é não deixar de dizer alguma coisa a respeito, com objetividade e educação, se os termos a ofendem.

"Se não mudarmos, não cresceremos. Se não crescermos, não estaremos realmente vivendo."
Gail Sheehy

Em alguns casos, pode ser que um homem faça um esforço excessivo para ser simpático e relacionar-se bem com as mulheres. Por exemplo: eu orientava o trabalho de um grupo de mulheres, agentes de seguros de grande gabarito, no escritório da filial da empresa em que trabalhavam. Um dos gerentes abriu a porta, pôs a cabeça para dentro da sala e perguntou com um sorriso, "O que está acontecendo aqui, um encontro da Tupperware?" A pergunta dele foi respondida com um silêncio sepulcral, e ele se retirou. Aquelas senhoras não o ignoraram; ficaram realmente chocadas, a ponto de perder a voz, com o seu comentário impensado. Muitas mulheres diriam que o gerente estava intencionalmente tentando humilhá-las. Em alguns casos, isso poderia ser verdade, mas, conhecendo-o acredito que ele literalmente ignorava a melhor maneira de aproximar-se e de respeitar as mulheres. Honestamente, acho que suas intenções eram boas, embora os resultados tenham sido negativos.

Na realidade, atualmente tenho ouvido os termos "menina, queridinha e doçura" ditos mais por mulheres do que por homens. Eu uso essas expressões afetuosas com meus amigos e familiares. Minha melhor amiga me chama de *Janie Baby*; alguns amigos me chamam de "Honey Bunny" [Doçura de Coelhinha]. Não fico ofendida; ao contrário, sinto-me comovida com suas expressões de afeto, pois sei que essa é a intenção deles. Puramente inocente.

Nos últimos anos, os homens têm sido duramente criticados, e com razão em alguns casos, quanto ao assédio sexual e outras questões correlatas; por isso, de maneira geral, se tornaram mais hesitantes do que as mulheres nessa arena em particular.

Vejo esse assunto da seguinte maneira: graças a Deus existem as feministas, porque ajudaram as mulheres a chegar onde estão hoje. Para que pudéssemos vir de onde estávamos até o ponto em que estamos agora, porém, as feministas tiveram que chegar a extremos na escala igualdade/feminismo. Acabamos por nos fixar a meio caminho entre ambos. Enquanto isso, no início dos anos 1980, ao se aproximarem do final da escala, muitos homens e mulheres, eu me incluo, sentiam-se alienados, ofendidos e ameaçados. Eu trabalhava num ambiente dominado por homens e tinha receio de que as feministas os deixassem irritados, tornando tudo mais difícil para mim, e não melhor. Meu enfoque era o resultado imediato, e não os benefícios a longo prazo.

Os homens passaram a ter um medo enorme de abrir a porta para uma mulher ou oferecer-se para ajudar com a bagagem, pois receavam ser agredidos se o fizessem. "Posso cuidar disso eu mesma!" Aquelas mulheres estavam apenas tentando lutar pela independência e igualdade. Ainda assim, ao darem a impressão de ser mais fortes do que o nível considerado confortável pelos homens ao verem as mulheres interagir, as feministas mantiveram os dois sexos afastados durante algum tempo. Uma separação necessária, já que a dor, quase sempre, precede a cura e o crescimento. Você se lembra dessa fase do movimento feminino? Percebo que as coisas têm melhorado até certo ponto nos últimos anos. O cavalheirismo está voltando. Como as mulheres já conseguiram uma base para agir e respeito, e os homens já se sentem um pouco mais à vontade com a presença de mulheres nos locais de trabalho, todos parecem estar mais descontraídos. Durante anos ninguém se oferecia para ajudar-me com a bagagem dentro de um avião. Agora, os homens se oferecem regularmente para me ajudar. Eu gosto disso!

Contudo, o cavalheirismo pode ser uma faca de dois gumes – estará ele baseado na percepção dos homens de que as mulheres são fracas? Essa é a visão negativa. Mais uma vez, as mulheres geralmente não são tão fortes quanto os homens. Portanto, vamos dizer, a percepção masculina das mulheres é que elas são mais delicadas, menos fortes fisicamente. Essa é a visão positiva. Além disso, atualmente a maioria das pessoas educadas segura a porta para qualquer um que venha atrás delas, homem ou mulher.

Voltemos à regra dos 95%. A maioria dos homens e das mulheres tem as melhores intenções em seu íntimo. Talvez até 5% dos homens usem esses termos ou um cavalheirismo exagerado como um jogo de poder, com o intuito de ofender alguém, de depreciá-lo, e até 5% das mulheres reajam excessivamente. Elas vêm lutando pela igualdade há tanto tempo que eu não as culpo por sofrerem de um complexo de inferioridade. Entretanto, uma reação além de certo limite não irá solucionar o problema; servirá apenas para inflamá-lo.

....

Se esses termos não são aceitáveis para você,
você deve dizer alguma coisa! Seja direta,
mas com compaixão e respeito.

....

Há cerca de dois anos, ao participar de um congresso, eu caminhava pelo saguão do centro de convenções com uma amiga quando dois homens vieram andando em nossa direção. Olhávamos uma para a outra (contato visual) e eles olhavam para o chão (evitando o contato visual). Nenhum de nós olhava para a frente. Um dos homens chocou-se com a minha amiga e quase a derrubou. Ele a agarrou pelos ombros para equilibrá-la e disse "Opa, desculpe, querida!" Ela retrucou bastante maldosamente, "Meu nome é Gail". O homem que esbarrara nela ergueu as sobrancelhas e colocou os braços diante do corpo numa atitude protetora, "Oh, está bem, está bem!" e depois abriu um círculo à nossa volta cuidadosamente, na ponta dos pés, e continuou andando pelo saguão. Fiquei constrangida. Uma resposta mais apropriada teria sido "Prefiro ser chamada de Gail" ou "Por favor, me chame de Gail!", num tom de voz amigável.

Para mim, aquela colisão acidental no saguão não justificava uma reprimenda, a menos que Gail soubesse que iria ver o homem com freqüência ou que ele já tivesse usado o mesmo tipo de comentário com ela numa outra ocasião. Contudo, essa seria a *minha* reação. Torno a dizer, é perfeitamente natural que esses termos não sejam aceitáveis para você. Mas você tem que dizer alguma coisa!

Ninguém pode ler a sua mente e, ao permitir que a oportunidade de falar passe, praticamente você dará a ele ou a ela permissão para continuar usando um comportamento ofensivo. Seja direta, com compaixão e respeito. Não precisa alvejá-las entre os olhos. (Isso fica reservado para ofensas mais sérias, como assédio sexual ou comportamento que coloque em risco a sua carreira.) Ninguém gosta de ser duramente golpeado, e poucas pessoas reagem positivamente a esse tipo agressivo de abordagem. Você está tentando resolver um problema, não piorá-lo. Mas, repito, se avisos sucessivos forem ignorados ou o comportamento for grave, um golpe mais duro pode ser a atitude mais apropriada.

"Não conseguimos mudar coisa alguma sem antes aceitá-la. A concenação não liberou, oprime."
Carl G. Jung

> ### Dica do GenderSmart
>
> O melhor curso de ação? Use termos não relacionados a homens ou mulheres ou que denotem sexismo; opte por "todos", "cada um", "pessoas", "administradores", "técnicos", etc. Mesmo "senhoras" pode despertar reação porque pode parecer jocoso, embora essa suscetibilidade tenha diminuído com o tempo e à medida que as mulheres vão se tornando mais confiantes quanto à sua posição no mercado de trabalho e na sociedade. Sei que muitos homens acham o termo "senhoras" um rótulo refinado e preferível, embora ele seja uma faca de dois gumes. Quando cumprimentar um grupo de mulheres no elevador, um cumprimento como "Olá, mulheres" por exemplo soa como tolice; "Olá, senhoras" é um pouco arriscado, portanto experimente "Olá a todas".
>
> Eu uso a palavra "gente" na conversa casual, referindo-me a homens assim como a mulheres. Esse hábito se originou de minha criação numa cidade pequena e de sua localização geográfica; ao mesmo tempo se baseia num desejo consciente de manter a minha comunicação informal e casual. Cada diferença de estilo abordada neste livro, lembre-se, traz também variações culturais, geográficas e etárias. Não quero parar de chamar as pessoas de "gente". Certamente, eu o faria num piscar de olhos se pensasse que ofendia alguém. Até agora, ninguém me disse nada. Minha esperança é que alguém se manifeste se discordar do termo. Uma das minhas mensagens neste livro é encorajar os leitores a se descontraírem e resolverem juntos esse tipo de questão. Vamos parar de nos levar tão a sério com essas infrações relativamente pequenas!

CAPÍTULO

6

DIFERENÇAS DE PERCEPÇÃO NA COMUNICAÇÃO: ESTILO DAS MULHERES OU FEMININO

"Você pode reclamar porque as rosas
têm espinhos ou pode se alegrar porque
espinhos têm rosas."
Ziggy

Vamos tratar agora dos estilos de comunicação das mulheres e de como os homens geralmente não as compreendem e as interpretam mal. Assim como as mulheres em relação aos homens, estes vêem as mulheres através de suas próprias lentes e perspectiva, julgando-as de acordo com a sua percepção. Isso freqüentemente resulta em julgamentos e suposições negativas. Homens, observem que é possível que vocês interpretem equivocadamente o estilo feminino; mulheres, observem que os homens, ou mulheres com um estilo masculino de comunicação, também poderiam ter uma imagem distorcida de vocês. Para reforçar, precisamos adaptar nossas percepções e nosso comportamento – sendo esta uma via de mão dupla.

É muito interessante notar que essa visão irreal das diferenças do estilo feminino contribui substancialmente para a existência do chamado telhado de vidro. Esse fenômeno no mundo dos negócios impede que as mulheres sejam promovidas aos níveis mais altos em muitas empresas e avancem tão rapidamente quanto suas contrapartes masculinas. Os homens, que ainda se encontram nos cargos mais elevados, muitas vezes consideram as funcionárias fracas, indecisas, vagas, menos confiáveis, sem confiança em si mesmas e ineficientes. Por isso não promovem as mulheres ou não as encaminha aos postos executivos. Essa situação desagradabilíssima está mudando, mas ainda está longe de ser a ideal.

Em *Talking From 9 to 5*, Deborah Tannen ressalta que, quando a liderança de uma empresa muda, ou departamentos são reorganizados, os empregados e gerentes remanescentes lutam por cargos, às vezes usando artimanhas. Sempre que possível tentam obter lugares ocupados por mulheres porque estas são tidas como mais vulneráveis e menos competitivas.

Por quê? Os homens percebem o estilo de comunicação e o estilo interpessoal das mulheres através de suas próprias lentes e experiência de superioridade, competição, dominação, e assim por diante. Essas lentes não são falhas, são apenas diferentes e, portanto, um estilo feminino na arena profissional é, de certo modo, desconhecido para os homens. São meramente diferenças de estilo, e não de inteligência, capacidade, confiança ou eficiência.

ESTILO FEMININO/ DAS MULHERES	PERCEPÇÕES MASCULINAS/ DOS HOMENS
• Discutem decisões, consenso para tomá-las	• Indecisas, inseguras, incompetentes
• "Vamos fazer isto", "O que você acha disto?"	• Fracas, não têm capacidade para administrar
• Não se gabam ou procuram vender sua imagem	• Inseguras, subestimadas
• Discutem problemas e sentimentos	• Muito emotivas, perturbadas, fracas, responsabilizam os homens por seus problemas
• Lidam com o conflito indiretamente ou o evitam	• Menos dignas de crédito, fracas, os conflitos não são importantes
• Lidam com o conflito direta e firmemente	• Despóticas, manipuladoras, rudes, bruxas
• Fazem um sinal com a cabeça e encorajam o outro a falar	• Concordam com tudo que os homens dizem, insinceras

- Usam "não é?", "não concorda?", desculpam-se, eximem-se de responsabilidades
- Pedem de forma indireta
- Choram e expressam emoções mais freqüentemente
- Têm menos credibilidade, indecisas, vagas, sem poder
- Guardam segredos, furtivas, manipuladoras, ineficientes
- Fracas, muito emotivas, manipuladoras

Decisões baseadas no consenso

Como são bastante orientadas para o consenso, as mulheres geralmente discutem decisões. Elas podem saber exatamente o que querem fazer, mas como se esforçam para que as pessoas à sua volta se sintam valorizadas e tenham participação, pedem a opinião delas.

Os homens, que, em geral, tomam decisões de modo independente, entendem que as mulheres estão pedindo sua contribuição (pedindo ajuda, segundo eles) e presumem que estas não conseguem tomar suas próprias decisões. Os homens encaram perguntas como uma proposição perdedora, como uma atividade que faz as mulheres parecerem incompetentes e menos eficientes. Posição de inferioridade. Se pedem ajuda, elas devem ser inferiores, pouco inteligentes ou ignorantes quanto ao assunto em questão. Portanto, os homens concluem que as mulheres são indecisas, inseguras e, em razão disso, uma matéria-prima ruim para a administração. Alô, telhado de vidro!

> *"As portas que abrimos e fechamos a cada dia decidem a vida que vivemos."*
> **Flora Whittlemore**

Resultando no que parecem ser informações opostas, um estudo seminal conduzido por Robert Kabacoff, Ph.D., diretor de pesquisas no Management Research Group, comparou 900 gestores do sexo feminino com 900 gestores do sexo masculino. Esse estudo indicou que, enquanto os homens delegam mais e são mais inclinados a cooperar com os colegas, as administradoras mulheres são percebidas como as mais decididas e competitivas na realização de seus objetivos, mantendo um controle mais rígido sobre os seus projetos.

A palavra-chave no parágrafo anterior é "percebidas". Tanto homens quanto mulheres não estão acostumados a ver mulheres em papéis assertivos e, por isso, jogar com essa carta causa uma impressão de muito maior força. Em outras palavras, homens e mulheres observam mais um comportamento firme por parte de uma mulher do que de um homem, porque esperam que os homens, não as mulheres, imponham sua autoridade. Conseqüentemente, um comportamento masculino e feminino realmente semelhante é percebido e julgado de modo diferente.

Além disso, muitas mulheres têm lutado com tanto empenho por seus cargos e carreiras que, geralmente, continuam a lutar quando isso não é mais necessário. Ou elas levam sua assertividade a extremos, em detrimento de uma boa habilidade para lidar com o plano interpessoal. Receiam ser consideradas incompetentes e, por essa razão, crêem que precisam fazer tudo sozinhas, da maneira mais convincente possível, para provar seu valor e capacidade. Como você pode imaginar, e provavelmente já testemunhou, esse comportamento excessivamente assertivo, até certo ponto só as prejudicará, seja na vida pessoal ou profissional.

DICA DO GENDERSMART

Pareceria uma atitude de autodestruição sugerir que as mulheres parem de pedir opinião às pessoas. Elas, contudo, podem aprender a potencializar sua solicitação de informações. "Tenho uma solução em mente e penso que ela vai funcionar, mas eu certamente gostaria que você me desse alguns dados." Além disso, podem também reforçar outros elementos

> de sua comunicação, o que as ajudará a equilibrar os mal-entendidos causados por seu estilo inclusivo.
> Muito importante ainda, Homens, por favor, fiquem atentos a essa simples diferença de estilo e evitem fazer suposições a respeito da competência feminina, baseadas em seus estilos mais amenos de comunicação e gerenciamento. O ideal seria, evidentemente, que ambos os sexos, sem mencionar todos os gestores, reconhecessem o valor da administração em conjunto, o mérito de delegar responsabilidades, de uma liderança educada e compassiva e do trabalho de grupo.

Linguagem inclusiva

Outro modo pelo qual esse estilo mais ameno de comunicação se manifesta é a linguagem inclusiva. Por exemplo, quando dá instruções ou atribui uma tarefa, uma mulher pode dizer, "Vamos fazer isso, está bem?" ou "E se nós fizermos desta maneira?" O que ela pretende e está pensando é na versão masculina: "Faça isso", ou "Isso é o que eu quero que você faça". Contudo, ela não quer ser considerada áspera ou como alguém que gosta de impor a própria vontade (lembre-se, as mulheres foram programadas para não ser diretas ou ferir os sentimentos alheios) e, por isso ameniza seu estilo de comunicação, formulando ordens como se fossem pedidos ou sugestões.

Além disso, de acordo com Deborah Tannen, em *Talking From 9 to 5*, as administradoras, com freqüência, minimizam intencionalmente sua autoridade com os funcionários do sexo masculino, como forma de não os ameaçar. As mulheres usam uma linguagem mais branda e inclusiva, além do consenso, para realizar esse esforço. "Aqui está o problema. O que você acha que deveríamos fazer?" No lugar de: "Resolva este problema".

Os homens, que empregam um estilo mais forte e direto, testemunham essa abordagem mais delicada e, novamente, supõem que as mulheres sejam fracas e incompetentes, demasiadamente indecisas para ocupar cargos de direção. Na verdade, trata-se apenas de uma diferença de estilo. Tanto quanto os homens, as mulheres sabem o que precisa ser feito; simplesmente não querem que os funcionários sintam que algo lhes esteja sendo empurrado goela abaixo.

Isso traz à tona outro aspecto das diferenças de estilo. Numa pessoa direta em relação a instruções e determinação de tarefas, a menos que seja rude ou literalmente esbraveje ao dar ordens, isso não seria visto como imposição. A programação de relacionamento e harmonia nas mulheres é tão profunda que mesmo elas consideram sua própria comunicação direta muito áspera. Ela não é! Se você for direta e, ao mesmo tempo, compassiva, irá reduzir os mal-entendidos quanto às suas ordens e também as interpretações distorcidas de sua capacidade administrativa.

> **DICA DO GENDERSMART**
> "Eu gostaria que o relatório fosse feito desta maneira, por favor." Uma ordem direta, clara, forte e polida. Também clara, mas não tão forte, seria: "Vamos fazer desta forma" – inclusiva, porém ainda inconfundível devido ao fato de evitar a formulação da instrução como uma pergunta. "Que tal se fizéssemos desta maneira?" pede permissão e, portanto, carece de confiança e poder.

Divulgação da própria imagem

Quando muito jovens, as meninas são ensinadas pelas mães, e também pelas amigas, a não se vangloriarem. As mães costumam dizer, "Oh, não fale assim, você parece convencida! Lembre-se, seja simpática e delicada". As amigas irão colocar no ostracismo as meninas que se gabam porque esperam igualdade, justiça, um ambiente de brincadeiras nivelado e uma hierarquia sem diferenças entre si. As meninas aprendem a não vangloriar-se ou falar sobre suas realizações e força, uma vez que poderão perder o convívio de suas companheiras. Até mesmo na idade adulta, as mulheres muitas vezes subestimam os seus pontos fortes e vantagens para não se indispor com as outras mulheres. A perda de amizades ou aceitação é muito traumática para o sexo feminino, cuja maneira de ser gira em torno dos relacionamentos.

Conseqüentemente, meninas que não elogiam a si mesmas crescem e se transformam em mulheres que não vendem a própria imagem nem promovem a si mesmas dentro das empresas, além de não divulgarem suas realizações. Ao contrário dos homens, que, segundo Deborah Tannen, em *Talking From 9 to 5*, compreendem a importância de expor um comportamento associado ao nível seguinte, o próximo degrau ascendente da carreira, já as mulheres tendem a sentir que seria presunçoso agir como se tivessem um poder que, na verdade, ainda não têm. Como resultado, os homens (ou mulheres, comparando funcionários de ambos os sexos) subestimam o quadro de funcionárias, considerando-as inseguras.

"Aquilo que dizemos e fazemos acaba voltando para nós; por isso devemos assumir a nossa responsabilidade, colocá-la em nossas próprias mãos e carregá-la com dignidade e força."
Gloria Anzaldua, em Words In Our Pockets

Numa entrevista para a revista *Washingtonian*, em novembro de 1997, Tannen relata um episódio no qual uma chefe sugeriu ao subalterno, líder de equipe, que um membro da equipe do sexo feminino fosse promovido e ocupasse o cargo que o líder da equipe esperava preencher. Ele lhe respondeu, "Ela não quer ser promovida". Sua chefe propôs que ele perguntasse à funcionária. Ele perguntou e, para sua surpresa, a funcionária afirmou que queria o cargo. Entretanto, ela obviamente nunca havia comunicado, pelo menos não clara e diretamente, sua ambição ou desejo ao líder de sua equipe.

Durante um workshop sobre Liderança Autêntica para Mulheres, que dei para um cliente que fazia parte da Fortune 500, a participante com o cargo mais alto, uma vice-presidente sênior, fez uma observação após uma atividade relacionada ao desenvolvimento da carreira: "Nunca me ocorreu simplesmente pedir o que quero".

Nesse mesmo artigo da revista *Washingtonian*, Tannen fala de um jornalista que já a havia entrevistado antes; este comentara que percebia essa dinâmica ao comparar estilos de treinamento de meninos e meninas. Presumindo inconscientemente que as atletas do sexo feminino iriam comportar-se do mesmo modo que os meninos, ele procurava observar a melhor atleta, julgando que esta seria a líder do time e diria a todas as outras meninas o que fazer. Contudo, ele não conseguia identificar facilmente quem era a melhor, a partir do comportamento que tinham entre si, como conseguia fazer com os meninos. Tinha de vê-las jogar, uma vez que as melhores jogadoras agiam da mesma maneira que as outras e não ostentavam sua superioridade atlética nem demonstravam arrogância fora de campo.

Isso também explica, pelo menos em parte, por que mulheres que ocupam cargos elevados em geral têm mais problemas com outras mulheres do que com homens. Mulheres de nível executivo aprenderam o jogo da hierarquia e como promover-se. Mulheres em cargos de um nível inferior continuam apegadas aos relacionamentos baseados na hierarquia horizontal da infância, em que todas as meninas são "iguais". Na verdade, nunca o foram, mas as meninas com um status superior rapidamente aprendiam a não colocar sua posição sob os refletores. Portanto, quando uma mulher se comporta como um chefe do sexo masculino e reivindica seu poder e posição numa empresa, muitas outras se queixam, sentem-se traídas e ressentidas. Se um superior do sexo masculino faz a mesma coisa, seu comportamento não é questionado.

Fale com confiança e convicção. Aceite reconhecimento por aquilo que sabe fazer bem e certifique-se de que as pessoas certas saibam disso. Escreva relatórios semanais para seu chefe, reúna-se com ele ou ela regularmente, para atualizar suas realizações e progresso. Ninguém mais fará isso por você! Seja breve e objetiva, e não ofereça detalhes, a menos que lhe sejam pedidos. Não se preocupe por estar se autopromovendo.

Tenho trabalhado em vendas, de uma forma ou de outra, há mais de vinte anos, aprendi como me promover, mas ainda ouço uma pequena voz no fundo de minha mente que diz, "Nossa! Isso soa como se eu estivesse me vangloriando, realmente me projetando; eles vão pensar que sou uma verdadeira egomaníaca!" Assim, aprendi simplesmente a ignorá-la. Para que eu possa promover meus serviços e programas, tenho de ser capaz de dizer com confiança, "Isso é o que fiz em tais empresas, com esses resultados. Acima de 95% dos meus negócios envolvem clientes já conhecidos ou clientes que me são enviados por alguém, um sinal claro do trabalho excelente que faço para os meus clientes".

Mulheres, aceitem reconhecimento por aquilo que sabem fazer bem e certifiquem-se de que as pessoas certas saibam disso.

Uma participante de um dos meus workshops mencionou ter assistido a uma aula e lido um livro sobre como escrever pedidos de contribuição pecuniária. Uma das coisas que havia aprendido era como usar uma linguagem mais direta quanto a benefícios e realizações porque a maioria dos membros das diretorias que aprovam o dinheiro destinado a subsídios é constituída por homens. Estes esperam que pessoas capazes falem sobre seus pontos fortes; eles foram programados e seu convívio social os prepara para fazerem isso. Se os homens não ouvirem a respeito de uma capacidade específica de alguém, eles naturalmente presumem que tal pessoa não possua essa capacidade ou pontos fortes.

Essa percepção da confiança por parte de pessoas com autoridade, particularmente homens, afeta outras áreas de trabalho. Não somente as mulheres são promovidas com menos freqüência, mas também suas propostas não são aprovadas com tanta freqüência quanto as de suas contrapartes masculinas, porque o chefe considera as mulheres menos confiantes em relação ao que propõem.

> **DICA DO GENDERSMART**
>
> Mulheres, coloquem-se no lugar de seus chefes por um momento. Vocês terão que selecionar o gerente seguinte ou a proposta mais efetiva. Mesmo com todos os outros elementos em condições de igualdade, vocês não tenderiam para a pessoa que *parecesse* mais confiante quanto à própria capacidade ou idéias? "Parecesse" é a palavra-chave aqui. Senhores, reconheçam essa diferença de estilo e a levem em consideração quando forem tomar decisões que envolvam funcionários ou designação da liderança de um projeto.
>
> Mulheres, aprendam a divulgar sua capacidade e realizações de maneira apropriada. Aprendam como comunicar-se com confiança e decisão, e transmitam a convicção de saberem o que estão fazendo e propondo. Apóiem-se mutuamente em todos os níveis para ajudar a romper o telhado de vidro. A implementação das dicas do GenderSmart, fornecidas no decorrer de todo o livro, ajudarão vocês a fazer os ajustes necessários.

Discussão de problemas e sentimentos

As mulheres discutem problemas e sentimentos... lembre-se, elas se relacionam e processam as pendências dessa maneira. A discussão de problemas e sentimentos é também uma maneira de chegar a um consenso, outro estilo feminino. Contudo, os homens, que não discutem problemas e sentimentos como regra geral, observam uma mulher falar sobre coisas que a estão perturbando e pensem consigo, "Puxa, ela é um poço sem fundo de problemas, um caos emocional! Vai ficar em pedaços aqui, a qualquer momento!" Os homens, que processam as coisas internamente, supõem que as mulheres sejam fracas, excessivamente emotivas e perturbadas. E/ou eles acham que elas pensam que eles são responsáveis pelo problema. "Céus, ela deve estar falando disso comigo porque acha que é minha culpa! É melhor eu fazer alguma coisa a respeito!" Senhores, por favor, lembrem-se de que as mulheres simplesmente partilham mais e processam as informações em voz alta. Tenham em mente uma das diferenças biológicas que estudamos anteriormente; as mulheres são, geralmente, mais verbais que os homens. Falar exaustivamente sobre situações e sentimentos ajuda as mulheres a distinguirem e a percorrerem toda uma gama de emoções, além de estabelecerem uma boa relação e ligação com a pessoa com quem ou para quem elas processam informações. As mulheres falam apenas por falar? Pode apostar que sim! E isso é válido. Apenas uma diferença de estilo.

"A mente fechada é a mente que já está morrendo."
Edna Ferber

Vejo-me verbalizando as coisas cada vez mais freqüentemente à medida que envelheço. Não me sinto constrangida em admitir que apenas converso! Falo, processo dados, partilho. Sou muito verbal; algumas vezes pura e simplesmente tenho vontade de conversar. É importante notar, entretanto, que numa situação de negócios monitoro essa tendência para evitar que seja mal interpretada por homens e receba o rótulo de fraca ou perturbada ou "excessivamente" falante (em oposição a "mais" falante). Além disso, tento observar a linguagem corporal, de maneira que, se o olhar de meu interlocutor ficar distante por causa do tédio, sei quando calar-me. E com a mesma freqüência, não tenho vontade de falar. Vá entender.

Lembre-se de que precisamos estar atentos não somente para o fato de sermos mal interpretados pelos outros, mas também de como poderíamos ser mal interpretados nessa situação, para que possamos ajustar as nossas percepções e o nosso comportamento. Cada sexo deve assumir metade da responsabilidade pelo modo como somos interpretados.

> **DICA DO GENDERSMART**
> Homens, discutir problemas e sentimentos é uma diferença de estilo, e não necessariamente um apelo de ajuda ou uma indicação de falha, ou um esforço intencional de afastá-los do trabalho ou dos noticiários. Mulheres, estejam atentas para o modo pelo qual seu processamento verbal pode ser percebido; sejam seletivas em relação ao momento de falar e à pessoa que vai ouvi-la.

Como lidam com o conflito

Já foi mencionado no Capítulo 4 que as mulheres geralmente evitam e temem o conflito, devido à programação que receberam no passado. Por outro lado, muitas mulheres no mundo dos negócios lidam bem com o conflito e não se esquivam dele quando o consideram necessário para o progresso de suas carreiras ou para proteger seus projetos e "território". Contudo, a maioria ainda se sente um tanto temerosa e apreensiva a respeito dessa questão e, em geral, preocupa-se com o conflito após ele ter ocorrido. Essas mulheres avaliam ou criticam a si mesmas retrospectivamente, com perguntas como, "Será que ele vai ficar com raiva de mim agora?", "Eu simplesmente arruinei a minha chance de promoção?", "Será que eles pensam que eu sou uma louca varrida depois da última reunião?"

A questão do conflito realmente representa uma corda bamba para as mulheres. Se elas lidam com ele indiretamente ou o evitam, as pessoas (especialmente os homens, cuja capacidade intuitiva ou de compreender os outros geralmente não é tão desenvolvida como nas mulheres) não reconhecem que o conflito sequer existe. Eles não conseguem ler sua mente... se você não disser alguma coisa, demonstrar constrangimento ou raiva, como eles poderão saber?

Outra percepção envolve o fato de você ser vista como alguém em quem não se pode confiar totalmente, porque os homens em geral reconhecem quando o conflito deve ocorrer. Eles percebem quando você está numa situação em que é preciso defender seu ponto de vista e, se você deixar alguma coisa passar ou não manifestar-se com convicção, como eles o fariam numa situação semelhante, poderá ser considerada uma mulher que interage fracamente com os que a cercam.

Uma participante de um dos meus workshops comentou, "Quando cheguei ao trabalho esta manhã, meu chefe disse: 'Oi, querida', então respondi: 'Oi, amor' para que ele soubesse que não deveria dizer aquilo". Eu a adverti, "Oh, você apenas lhe deu permissão. Muito provavelmente, ele não vai compreender que você não gosta de que ele a chame de 'querida'. Ele não vai perceber; não vai reconhecer que existe um conflito. Sugiro que você lhe diga, dependendo do estilo com o qual se sente à vontade, 'Por favor, não me chame de querida' ou 'Eu preferiria que o senhor me chamasse de Jill' ou 'Agradeço sua intenção, sei que o senhor não pretende me ofender, mas prefiro que me chame pelo nome, está bem? Gosto de manter termos como 'querida' reservados para o meu marido. Obrigada por compreender'".

Lembre-se destas palavras:
de forma direta, com compaixão e cortesia.

Quando as mulheres abordam o conflito muito direta e firmemente são rotuladas de mandonas, manipuladoras, ásperas, bruxas. Aqui é onde a corda bamba se manifesta. Indiretamente... não funciona ou o resultado é o oposto ao que se esperava. Muito diretamente... as coisas explodem em seu rosto. O que fazer? Recomendo lidar com o conflito de maneira direta, mas compassiva, como no exemplo de Jill acima. Compaixão não significa compreensão nesse contexto, mas respeito e cortesia. "Preciso de sua ajuda com essa questão, John. Eu me esforço bastante para ser levada a sério e não quero que outras pessoas tenham uma impressão errada ao ouvirem alguém dirigir-se a mim com termos afetuosos. Sei que você não tem a intenção de ser ofensivo, e eu sou grata por isso, porém eu realmente preferiria que você me chamasse de Jill. Obrigada por sua ajuda." Isso foi dito com polidez e compaixão. Ele poderá ficar ligeiramente chocado, mas irá superar o choque. Talvez você precise relembrá-lo algumas vezes, o que é bom. Lembre-se de que esse assunto é muito mais importante para você do que para ele.

Com freqüência, quando uma mulher se expressa com "excessiva" aspereza na opinião dos outros, esse comportamento é uma reação de defesa por não ter sido levada a sério. Quando uma mulher sente que não é ouvida ou respeitada, algumas vezes reage de maneira desproporcional, levando-se demasiadamente a sério, com o objetivo de obter atenção e exigir respeito. Qualquer que seja a razão e por compreensível que seja, o resultado normalmente fica longe do ideal.

> ### DICA DO GENDERSMART
> Lembre-se das palavras: diretamente, com compaixão e cortesia. Seja claro e educado; tenha em mente o objetivo de manter o relacionamento. Essa abordagem irá funcionar para ambos os sexos na maioria das situações e ajudar a evitar mal-entendidos, confusão e conflito. Contudo, se ocorrerem ofensas graves, ou pedidos freqüentes forem ignorados, uma abordagem direta e firme é necessária.

Ouvir ativamente

As mulheres geralmente balançam a cabeça em sinal de assentimento para informar às outras pessoas que estão prestando atenção. Conseqüentemente, algumas vezes os homens interpretam esse gesto como se as mulheres estivessem concordando com tudo o que eles dizem. Os homens podem ficar confusos quando as mulheres fazem esse sinal enquanto ouvem, o que para eles significa concordância e aprovação, e depois subitamente afirmam "De maneira nenhuma" ou "Não concordo". Ou então pensam que as mulheres são insinceras, já que "ela não pode concordar com tudo o que digo, embora esteja sempre balançando a cabeça". Sinalizar com a cabeça é a maneira de o ouvinte atento dizer, "Sim, estou ouvindo, continue falando, estou acompanhando, muito bem, compreendo, estou prestando atenção". Se ele, na realidade, concorda ou não, é outra história.

> **DICA DO GENDERSMART**
>
> Uma vez que o aceno com a cabeça constitui uma forma amplamente difundida de uma pessoa mostrar que ouve com atenção e, tanto homens quanto mulheres preferem ser ouvidos com atenção, não vou sugerir que as mulheres desistam de balançar a cabeça. No máximo, talvez, que moderem os sinais e digam "Compreendo" ou "Entendo" de vez em quando. Também sugiro que os que estão falando simplesmente aprendam a reconhecer que o aceno é um sinal de atenção, e não necessariamente de concordância.

Perguntas após uma afirmação

As mulheres, com intenção mais ou menos inconsciente de escapar ao conflito, manter a harmonia e evitar um comportamento "despótico" ou exigente, acrescentam perguntas no final de suas afirmações: "Este é um bom relatório, você não acha?" Deborah Tannen e Pat Heim, autoras de livros sobre comunicação entre os sexos, referem-se a elas como "etiquetas" coladas aos comentários. Para os homens, essa abordagem ou estilo soa como se a mulher pedisse permissão para achar que o relatório está bom ou para ter opinião própria.

Um estilo mais masculino seria "Este é um bom relatório", ou sucintamente, "Bom relatório". Você percebe a diferença na expressão de poder entre as duas afirmações? O estilo mais ameno se apresenta aos homens com menor credibilidade e força; estes, em geral de maneira incorreta, presumem que as mulheres constituem um contingente administrativo cheio de indecisões e fraquezas. Na verdade, é meramente uma diferença de estilo. As mulheres foram programadas para ser delicadas e suaves, além de discretas, e essa estrutura permeia a maior parte de seu estilo de comunicação.

> ### Dica do GenderSmart
> Mulheres, usem a versão mais forte quando estiverem expressando opiniões ou idéias. Homens, trata-se apenas de um estilo que é diferente do de vocês.

Pedidos de desculpas e frases que eximem a pessoa de responsabilidade

Mulheres, comecem a contar seus pedidos de desculpas. "Desculpe-me por interromper", "Oh, sinto muito por ter esquecido esta página", "Puxa, desculpe, li a linha errada". Os homens nem de longe se desculpam com a mesma freqüência. Comecem a prestar atenção à quantidade de desculpas. Suas contrapartes masculinas ouvem esses freqüentes pedidos de desculpas e os interpretam como um comportamento que denota fraqueza e subserviência. Um homem pensaria, "Por que ela fica se desculpando o tempo todo se não fez nada de errado? Deve ser insegura ou não confia em si mesma!" Apenas outra diferença de estilo.

Aí está uma situação em que os dois sexos estariam melhor se encontrassem um meio-termo. Homens, tentem usar mais pedidos de desculpas e, senhoras, tentem usar menos.

Para continuar a história que relatei no Capítulo 5, durante a mesma reunião com o presidente da companhia, minha amiga Kris enfrentou outra experiência desagradável. O presidente questionava cada nome constante da lista para a convenção. Ele chegou a um nome e se demorou nele, enquanto tentava pronunciá-lo, perguntando quem era aquela pessoa. Kris apresentou a pronúncia correta e depois acrescentou com um sorriso, "Essa pessoa sou eu!" O presidente pareceu constrangido e, sem desculpar-se, continuou a discutir a lista. Uma resposta melhor? "É claro que é você!", com um tapinha na própria testa ou outro gesto autodepreciativo para amenizar a gafe.

O mesmo se aplica ao que eu chamo de frases de isenção de responsabilidade e que Deborah Tannen e Pat Heim, autoras de outros livros sobre questões relacionadas com os sexos masculino e feminino, chamam de negação de conhecimento. "Bem, esta é apenas a minha opinião, mas..." e "Não sei se isto está certo, mas..." ou "Posso estar longe da verdade, mas..." Quem quer ouvir ou dar credibilidade ao que vem a seguir nessas frases? Uma vez que elas diluem o poder e a confiança de suas afirmações. Homens, e também mulheres que usam um estilo masculino de comunicação, consideram essa abordagem vaga, insípida e menos verossímil.

Após mais de vinte anos em atividade no mundo dos negócios, dominado por homens, aprendi a dar a minha opinião como fato. Certifico-me de me expressar com confiança e mostrar que tenho conhecimento do assunto; se estiver errada, simplesmente corrijo minha declaração. Aprendi com o correr do tempo que esse método, mesmo que eu cometesse erros ocasionalmente, se mostrava muito mais útil ao progresso de minha carreira do que o método de qualificar minhas opiniões com desculpas ou evasivas.

> **DICA DO GENDERSMART**
> Homens, não suponham que "Sinto muito" significa que uma mulher esteja admitindo uma falta ou se desculpando. Provavelmente é apenas um hábito ou rotina para suavizar uma conversa. Tentem usar, vocês mesmos, "sinto muito" mais vezes. Mulheres, estejam atentas à quantidade de "desculpe" e de negação de conhecimento que usam e percebam que isso as posiciona num nível bastante fraco aos olhos dos homens.

Pedidos indiretos

Com a intenção de evitar conflitos e a comunicação impositiva, as mulheres amenizam seus pedidos. Lembre-se, elas foram programadas para o consenso e a harmonia; portanto, solicitações diretas soam, para muitas mulheres, como uma emissão brusca de ordens, tornando difícil para elas agir dessa maneira. Conseqüentemente, os homens (e quase sempre algumas mulheres) sentem-se manipulados ou não compreendem a razão do pedido, isto é, não "captam", fazendo com que a busca de ajuda seja basicamente ineficaz.

No trabalho, por exemplo, uma chefe diz ao seu assistente ou à sua assistente, "Certamente seria bom receber esse relatório por volta das dez horas". Ele ou ela raciocina, "Vamos ver, seria bom terminar a tarefa às dez, mas ainda tenho essas duas outras coisas para fazer, por isso às dez e meia provavelmente conseguirei entregar". Ele ou ela orgulhosamente apresenta o relatório às dez e meia para uma chefe muito insatisfeita e ambos (as) ficam confusos(as) e aborrecidos(as). As duas partes envolvidas poderiam ter ajudado a evitar o conflito e a confusão.

Em primeiro lugar, a chefe deveria ter sido mais direta ao atribuir a execução do projeto. "Eu preciso disto às dez horas, por favor. Obrigada." Uma ordem direta, clara e também compassiva e educada, sem aspereza ou exigência desmedida. Segundo, o(a) assistente deveria ter dividido a responsabilidade com a chefe e ajudado a esclarecer o horário exato. "O prazo final é dez horas ou dez e meia seria aceitável? Porque ainda tenho essas duas outras coisas para fazer." Ou "Estou sobrecarregado(a) devido a esses dois outros projetos; por favor, poderia me dizer quais são as prioridades, para que eu possa ajudá-la da melhor maneira possível?" Conflito evitado, todos teriam ficado satisfeitos.

Outro exemplo: instrução vaga. "Temos que terminar o projeto Jones." Orientação clara: "Cumprir o prazo do projeto Jones é a nossa principal prioridade. Por favor, atualize-me quanto ao andamento do trabalho hoje às dezesseis horas. Obrigada".

Quantas vezes as pessoas questionam internamente orientações e instruções, imaginando se entenderam ou não tudo de maneira correta. Entretanto, homens e também mulheres preocupadas com a imagem de incompetentes ou menos eficientes do que seus colegas do sexo masculino, evitam fazer perguntas e pedir esclarecimentos. Elas refletem, "Nossa, acho que é isso o que ele quis dizer, mas se eu perguntar ele vai pensar que sou burra ou não estava prestando atenção, ou então que não sei nada sobre o trabalho". A maioria dos supervisores concordará comigo quando digo que é muito melhor esclarecer tudo imediatamente em vez de desperdiçar tempo, esforço e produtividade por tomar o caminho errado.

Quem se comunica de maneira indireta muito provavelmente tem bom coração, porém suas palavras não são claras, o que resulta em pedidos ineficazes e ouvintes ressentidos, que se sentem confusos ou manipulados.

Uma interessante nota complementar: em *Talking From 9 to 5*, Deborah Tannen relata que, embora a comunicação direta seja considerada lógica e preferível nos Estados Unidos, uma variedade de expressões indiretas constitui a norma na maioria dos outros países. O antropólogo japonês Takie Sugiyama Lebra explica que um dos valores mais básicos da cultura japonesa é *omoiyari*, que significa empatia. Esse termo implica que não precisaríamos declarar o que estamos querendo dizer explicitamente; as pessoas deveriam ser capazes de perceber o significado das afirmações mútuas intuitivamente. Solicitações indiretas são também ineficazes em questões pessoais. Por exemplo, um casal dá um passeio de carro e a mulher pergunta, "Você está com fome?" Sob seu ponto de vista, ela obviamente disse, "Estou com fome; vamos encontrar um restaurante e parar para almoçar". Sob o ponto de vista dele, ela meramente lhe perguntou se estava com fome. Ele não estava e, por isso, respondeu, "Não" ou "Não muito", de maneira inocente e perfeitamente educada, sem suspeitar de motivos ulteriores (ou ele estava cansado de seus pedidos indiretos e se recusou a participar do jogo). Em seguida, ele percebe que ela ficou quieta e está um pouco aborrecida; ele não tem idéia do que aconteceu. Sua honestidade ao responder uma pergunta que lhe foi dirigida acabou criando um problema.

Se você deseja algo, simplesmente expresse sua necessidade educadamente: "Querido, estou com fome, vamos comer alguma coisa". Ele ficará bastante aliviado por não ter que tentar decifrar insinuações e comentários indiretos. Não se sentirá manipulado.

Sim, quem se comunica de maneira indireta muito provavelmente tem bom coração, porém suas palavras não são claras, o que resulta em pedidos ineficazes e ouvintes ressentidos, que se sentem confusos ou manipulados.

Este cenário lhe parece conhecido? "Olhe, a lata de lixo está cheia." O marido vai passando e comenta, "Sim, está mesmo". Ele continua a andar e pensa, "Sei que ela quer que eu leve o lixo para fora; por que ela simplesmente não me pede em vez de ficar insinuando? Isso me deixa maluco! Por que ela apenas não me diz o que quer?" Novamente, ela está tentando não dar ordens nem exigir. Suas intenções são boas. O efeito é menos desejável, contudo;

por isso, sugiro algo como, "Querido, você poderia, por favor, levar o lixo para fora?" Ou leve-o você mesma.

"*O único erro verdadeiro é aquele com o qual não aprendemos nada.*"

John Powell

Embora eu transmita essas informações, algumas vezes também sou culpada de comunicação indireta. Como afirmei anteriormente, a programação está profundamente arraigada em nós. Embarquei recentemente num avião que ia de Minneapolis a St. Louis e encontrei uma pilha de jornais em minha poltrona no corredor. Parei em frente à fileira e coloquei minha pasta no compartimento de bagagens; fiquei parada em pé durante alguns segundos e presumi que o senhor sentado na poltrona perto da janela iria me notar e tiraria seus jornais de minha poltrona. Ele não o fez.

"Estes jornais são seus?", perguntei, obviamente (para mim) querendo dizer, "Por favor, recolha seus jornais para que eu possa sentar-me no lugar a que tenho direito". Ele levantou os olhos e perguntou, "Esta é a sua poltrona?" "Por que outra razão eu lhe pediria para tirar os jornais?", pensei comigo mesma. Presumi que ele não quisesse ser incomodado sem ter certeza de que aquele lugar era meu. Cheguei a esperar que ele me pedisse para ver o cartão de embarque. "Sim", respondi deliberadamente, com um ligeiro ar de *Ei, por que mais eu lhe perguntaria?* (Aquele não foi um dos meus melhores momentos.) Ele afastou os jornais e eu me sentei.

Poucos minutos depois, ocorreu-me. Ele provavelmente imaginou que eu queria pegar seus jornais para ler. Afinal de contas, eu simplesmente lhe havia perguntado se os jornais eram dele; não lhe pedira que os tirasse da poltrona. Ele tentara esclarecer meu pedido indireto e confirmar que a poltrona era, de fato, minha. Agora o *Ei!* se aplicava a mim. Inacreditável como essa programação é extrema na mulher! Uma forma melhor de comunicar aquela questão teria sido, "Olá, esta é a minha poltrona. Se estes jornais forem seus, o senhor se incomoda de tirá-los? Obrigada".

> **DICA DO GENDERSMART**
>
> Simplesmente peça com educação, em termos claros, aquilo que quer. Esteja atenta para a sua própria comunicação indireta, e a dos outros, e veja como ela causa mal-estar e confusão. Reconheça as situações nas quais você tenta interpretar ou decifrar o que alguém "realmente quis dizer", em que tenta "ler nas entrelinhas". Frustrante, não?

Expressão das emoções

Aos olhos dos homens, as mulheres são demasiadamente emocionais. Mas o assunto pode ser encarado de outro ponto de vista. Em vez de considerar que as mulheres expressam suas emoções com excessiva freqüência, que tal achar que elas expressam emoções *mais* freqüentemente que os homens? Lembre-se, as mulheres, fisiologicamente, têm um acesso mais fácil às suas emoções, e durante toda a vida lhes disseram que é perfeitamente aceitável e se espera que chorem e manifestem sentimentos.

Os homens foram programados para acreditar que a expressão de emoções (com exceção da raiva, uma emoção "masculina") é inaceitável; por isso, as emoções femininas os confundem e lhes parecem ameaçadoras. Eles se sentem forçados a interromper sua manifestação porque foram estruturados para salvar a espécie, consertar as coisas. Sentem-se responsáveis por elas. Uma canção bastante conhecida diz "Morro um pouco cada vez que ela chora".

Além disso, alguns homens se sentem manipulados, julgando que as mulheres choram intencionalmente para conseguir o que querem. Certas mulheres provavelmente fazem isso, mas prefiro pensar que constituem uma pequena minoria.

"Demorar-se na observação de coisas que não o próprio eu implica uma profunda convicção do valor delas."
Charles-Damian Boulogne

Se você, por exemplo, avaliar o desempenho ou examinar o trabalho de uma mulher e ela começar a chorar, ofereça-lhe um lenço de papel e continue falando. Ela pode ouvi-lo! Diga-lhe que sabe que ela está aborrecida e pergunte como pode ajudar e o que vocês dois precisam conversar com mais detalhes.

Normalmente, as mulheres choram no ambiente de trabalho devido à tensão, frustração ou porque se sentem incompreendidas e não reconhecidas; as lágrimas não se devem ao fato de estarem tristes ou magoadas. Você se lembra do filme *Coragem Sob Fogo*, com Denzel Washington e Meg Ryan? Meg e seu grupo eram atacados no deserto e ela começou a chorar. Um dos homens revirou os olhos e disse, "Que maravilha, agora ela está chorando!" E ela lhe respondeu, "Por causa da tensão, seu tolo!"

Várias emoções podem manifestar-se como lágrimas nas mulheres. Homens, não se esqueçam de que as mulheres foram ensinadas a vida inteira que é normal chorar! Como os homens foram programados para consertar as coisas e eles encaram as lágrimas delas como uma verdadeira condenação, sentem-se intimidados e assustados por esse nível de emoção.

As mulheres ouviram a vida inteira que não há problema nenhum em chorar. Como chorar não é natural para os homens, as lágrimas delas causam maior impacto neles do que nelas mesmas. Os homens não precisam necessariamente fazer alguma coisa quando ela chora. Em situações pessoais, quando tocar é aceitável, um simples abraço ou um afago no braço ou ombro, em geral, demonstra adequadamente que você se preocupa. Se tiver dúvidas, pergunte!

Quanto mais velha fico, mais eu choro. E melhor me sinto com minhas lágrimas. Não somente lágrimas de tristeza, mas também lágrimas de felicidade, lágrimas quando fico comovida ou algo me afeta emocionalmente, mesmo em comerciais!

> **DICA DO GENDERSMART**
>
> As mulheres são geralmente mais emotivas, assim como os homens são geralmente mais agressivos. Ponto final. Essa é uma de nossas maravilhosas diferenças e deve ser celebrada. Os homens gostam desse lado mais suave das mulheres em situações pessoais, porém ficam confusos quando essa característica aparece no trabalho. A emoção é puramente uma maneira de se expressar; não há relação nenhuma com capacidade administrativa ou inteligência.

CAPÍTULO

7

AS VIRTUDES DA FLEXIBILIDADE

"Aquele que conhece apenas o seu lado da questão, conhece pouco da questão como um todo."
John Stuart Mill

Flexível *adj.* 1. Capaz de ser dobrado ou curvado, torcido, etc. 2. Maleável; tratável. 3. Capaz de se ajustar; adaptável. – flexibilidade, s.

"Não existe, em resumo, nenhuma maneira correta de ser."
Carol Tavris, autora de *The Mismeasure of Woman*

O mundo tende a ver as coisas como opostas entre si. De certo modo, eu incentivei essa perspectiva ao referir-me a homens e mulheres como sexos opostos. Fiz isso porque sei que a maioria das pessoas está familiarizada e se sente confortável com essa referência, e eu preferiria que você lesse o livro e compreendesse suas mensagens, em vez de deixá-lo de lado por não conseguir entrosar-se com seu estilo. Além disso, as mulheres, em sua maior parte, definitivamente não são homens e vice-versa. Portanto, se não somos um, devemos ser o outro. Contudo, esse tipo de oposição não se traduz diretamente no uso exclusivo de um ou de outro estilo de comunicação, em qualquer interação humana.

Como já mencionei, as diferenças existem não somente entre homens e mulheres, mas também *entre* os homens e *entre* as mulheres. Somadas a essas, encontramos numerosas diferenças dentro de uma cultura e entre várias culturas, regiões, religiões, grupos etários e outros. Essa cacofonia de diferenças é a razão pela qual não há nenhuma maneira correta, única, de comunicar-se e nenhum estilo certo. Os estilos masculino e feminino nada mais são que duas formas de encontrar um sentido nas diferenças; esse modo específico de solucionar o verdadeiro quebra-cabeça da comunicação é eficaz para a maioria das pessoas nos Estados Unidos e em muitos outros países, certamente, porém, não em todos.

Use este livro como um simples caminho para compreender as diferenças de comunicação *entre os sexos* e saiba que outras diferenças também desempenham um papel importante no sucesso da comunicação. O método GenderSmart certamente irá ajudá-lo a resolver o problema da comunicação entre homens e mulheres. A flexibilidade em suas interações com outras pessoas irá servir-lhe de apoio para manter as peças do quebra-cabeça no lugar.

"A flexibilidade é a chave do sucesso
– juntamente com o respeito mútuo."
Deborah Tannen, Talking From 9 to 5

Como Tannen afirma, não há uma maneira que seja a melhor. Qualquer estilo que se use para falar funcionará em muitas situações, se aqueles a quem você se dirige partilham seu estilo. Mesmo assim, mal-entendidos irão ocorrer devido a conflitos de interesse, o humor de quem falar e o de quem ouvir, o referencial, etc. Em resumo, se seu objetivo for realmente a comunicação – compreender e ser compreendido – não basta a linguagem estar correta; o estilo de comunicação precisa ser partilhado ou, pelo menos, entendido.

No ambiente de trabalho, pessoas de diferentes etnias ou classe social, de diferentes regiões do país e do mundo – associado às diferentes personalidades – obviamente resultarão numa grande variedade de estilos de conversação. As empresas que apresentam um modelo com "um bom estilo" criarão um quadro de pessoal bem treinado para desempenhar suas funções com pessoas – clientes e colegas – usando alguns estilos semelhantes; porém, aqueles que não se adaptam a esse estilo serão afastados. A companhia que aceita e se adapta a empregados com um espectro maior de estilos terá muito mais flexibilidade e, portanto, sucesso com clientes e outros membros do quadro de funcionários com estilos variados. Quando temos estilos de conversação que diferem entre si, nossas boas intenções podem não ser suficientes. É por isso que, ao falar, a capacidade de ouvir ativamente e a observação de expressões faciais e linguagem corporal tornam-se vitais para uma comunicação clara e bem-sucedida. Daí, também, a importância, ao ouvir, de fazer perguntas e esclarecer qualquer coisa que não soe verdadeira, não faça sentido ou não atenda às nossas expectativas. É preciso haver duas pessoas para dançar um tango, ou pelo menos para que o dancem bem.

"Você leva as pessoas até onde elas vão, e não até onde você gostaria que elas fossem."
Jeannette Rankin

Muitas pessoas acham que o estilo feminino é melhor ou que o masculino é melhor. Prefiro o meu próprio estilo, já que ele é o que faz mais sentido para mim por eu estar perfeitamente familiarizada com ele, em comparação com qualquer outro. Do mesmo modo, você provavelmente irá preferir seu próprio estilo. E isso é bom. O que é fundamental compreender, contudo, é que nenhum estilo é melhor que os outros. Todos são válidos, e cada um deles funciona melhor com pessoas que partilham estilos semelhantes. Entretanto, nenhum estilo dará bom resultado em todas as situações; por isso, em última análise, o melhor é o estilo flexível, capaz de responder às diferenças dos outros.

Por exemplo, na seção Sugestões para Homens, do Capítulo 8, aconselho os homens a reduzirem o número de metáforas esportivas, que eles comumente usam em suas conversas. Não há necessidade de eliminá-las; eu mesma emprego linguagem relacionada a esportes vez ou outra. A seguir, cito algumas dessas metáforas.

Tente substituí-las, no espaço em branco, utilizando outras maneiras de expressar o mesmo pensamento:

METÁFORAS ESPORTIVAS	OUTRA EXPRESSÃO
1. Se isso não funcionar, teremos que chutar a bola de voleio.	_____
2. Este é o último minuto da prorrogação.	_____
3. A bola está em jogo.	_____
4. Vamos pedir tempo.	_____
5. Ele só fica plantado na zaga.	_____
6. Quem deixou a bola sair?	_____
7. Vamos pedalar na frente dele para ver se ele é driblado.	_____
8. Ele marcou um golaço nessa aí.	_____
9. É isso aí! Deu olé!	_____
10. Você vai reverter esse resultado ou não?	_____

As influências do sexo constituem somente um dos fundamentos das diferenças, embora ele seja um fundamento poderoso; quando compreendido e incorporado na conversa, certamente ajuda a melhorar a comunicação entre homens e mulheres. De modo algum as advertências presentes neste capítulo significam que uma comunicação clara e bem-sucedida seja impossível, a menos que uma pessoa conheça o impacto causado por todos os estilos de conversação existentes. A minha intenção foi transmitir que a flexibilidade é sempre benéfica à comunicação realizada com êxito, e pode levar as virtudes da compreensão das diferenças de sexo a um nível mais elevado.

"Enquanto a pergunta for estruturada da seguinte maneira – 'O que podemos fazer em relação aos outros, ao outro, ao oposto?' – não poderá jamais ser respondida, não importa qual dos sexos seja considerado como 'os outros'. A pergunta, na verdade, deveria ser: O que faremos a respeito de nós mesmos, para que os nossos relacionamentos, nosso trabalho, nossos filhos e o nosso planeta possam florescer?"

Carol Tavris, The Mismeasure of Woman

CAPÍTULO 8

PONTOS-CHAVE E SUGESTÕES

"O mais difícil é aprender a ser um poço de afeição e não uma fonte; mostrar-lhes que os amamos não quando sentimos vontade, mas sim quando eles querem."
Nan Fairbrother

Para a sua conveniência, este capítulo resume as mensagens-chave constantes neste livro. Para facilidade de localização, listei as diferenças básicas de comunicação entre os sexos com as razões pelas quais tais diferenças existem, sua fonte e sua lógica (primeiramente o status *versus* a questão da conexão), a programação biológica e a social. Além disso, no presente capítulo também foram incluídas algumas sugestões para homens e mulheres, com o objetivo de ajudá-los a solucionar as dificuldades de comunicação entre os sexos.

- Homens e mulheres são diferentes! Ignorar as diferenças irá apenas fazer aumentar o ressentimento e a confusão.
- Quando compreendem o que são essas diferenças e como elas se manifestam na comunicação e na interação, homens e mulheres podem trabalhar e viver juntos muito mais harmoniosamente.
- As diferenças fazem parte dos processos evolutivo e social; ambos estão interligados. Os dois sexos foram programados para tarefas e responsabilidades específicas, visando assegurar a sobrevivência da espécie. Tanto a natureza quanto a criação criaram estilos diferentes.

- Homens e mulheres não mais precisam um do outro para permanecer vivos, como acontecia no passado. Num nível profundo, sentir-se desnecessário é ameaçador, especialmente para os homens.
- Por outro lado, homens e mulheres realmente precisam um do outro para manter a espécie; e a dependência, em qualquer situação, muitas vezes causa ressentimento.
- Dê às pessoas o benefício da dúvida antes de concluir que elas estão tentando ser ofensivas intencionalmente. Avalie o objetivo e a intenção delas.
- Seja flexível. As diferenças existem não somente entre homens e mulheres, mas também entre os próprios homens e entre as próprias mulheres, entre culturas, religiões, regiões do planeta, faixas etárias, áreas geográficas e muito mais.
- Mantenha uma atitude positiva. Celebre e seja grato por nossas diferenças, por não sermos como os lemingues no comercial do Macintosh, alguns anos atrás, quando as pessoas se pareciam umas com as outras, agiam da mesma forma e não tinham individualidade nem diversidade. Esteja atento para as diferenças, respeite-as e aprenda a respeito delas. A atitude positiva é fundamental para evitar e resolver conflitos de comunicação entre os sexos.

Esses pontos-chave podem também ser expressos por meio do acrônimo G-E-N-D-E-R:

G anhe em entendimento e aceitação

E xamine os estilos masculino e feminino

N ote sua interpretação de outros estilos de comportamento

D escubra como os outros percebem você

E nriqueça os seus relacionamentos com essas descobertas

R etenha na memória o conceito de flexibilidade e abra-se ao diálogo

ESTILO MASCULINO/ DOS HOMENS	LÓGICA/ RAZÃO PARA SUA EXISTÊNCIA
• Raramente discutem problemas	• Independência, superioridade, menos verbais
• Falam para acertar e resolver problemas, breves, concentrados, poucos detalhes	• Superioridade, menos verbal, não se comprometem ao falar, estão empenhados em "salvar vidas".
• Não oferecem o mesmo apoio emocional	• Menor acesso às emoções, superioridade, não são orientados para os relacionamentos, independentes
• Ouvem em silêncio	• Processam informações interiormente, menos verbais, menor contato visual
• Evitam contato visual constante, direto	• Evitam a agressão, evitam flertar
• Usam humor agressivo e depreciativo	• Estilo de formar laços pela superioridade, competição
• Ocupam mais espaço físico	• Superioridade, competição, corpos maiores
• Tomam decisões de modo independente	• Independência, superioridade
• "Faça isto", "Pegue aquilo"	• Superioridade, hierarquia em forma de pirâmide, diretos
• "Menina", "doçura", "boneca", etc.	• Superioridade, hábito, não são orientados para os detalhes, esquecem nomes

ESTILO FEMININO/ DAS MULHERES	LÓGICA/ RAZÃO PARA SUA EXISTÊNCIA
• Discutem decisões, "Vamos fazer isto", "O que você acha disto"	• Consenso, harmonia, abordagem inclusiva, evitam dar ordens, igualdade hierárquica
• Usam pedir desculpas, perguntas após afirmações, negam conhecimento	• Consenso, harmonia, minimizam a própria autoridade

• Não se gabam nem vendem a própria imagem	• Mantêm uma hierarquia nivelada, harmonia, relacionamentos
• Discutem problemas e sentimentos	• Mais verbais, criam laços mediante conversas e partilha, acesso mais fácil às emoções
• Evitam ou receiam o conflito	• Consenso, harmonia, sobrevivência
• Fazem solicitações indiretas	• Harmonia, evitam dar ordens, mantêm uma hierarquia nivelada
• Usam menos posturas óbvias	• "Seja uma dama", harmonia, menos competitivas, menos territoriais
• Choram e expressam emoções	• Socialmente aceitáveis, estruturadas para o impacto e lembranças emocionais

DICAS PARA MULHERES, AO FALAREM COM HOMENS, OU ESTILO FEMININO PARA ESTILO MASCULINO

1. Seja clara, direta e educada com pedidos e atribuições.
2. Acrescente terminologia técnica e poder às palavras.
3. Reduza o uso de superlativos, como maravilhoso, lindo, fantástico, etc.
4. Seja breve e específica, a menos que mais detalhes tenham sido solicitados.
5. Fale com confiança e autoridade, isto é, faça afirmações, não peça permissão para dar sua opinião ou orientação (veja nº 6).
6. Monitore o uso de perguntas após as afirmações, desculpas, negação de responsabilidade: "Sinto muito", "Você não concorda?" "E se fizermos isso desta forma?", etc.
7. Lide com o conflito diretamente e com clareza, compaixão e cortesia.
8. Quando interrompida, use uma linguagem direta para, cortesmente, retomar o terreno perdido.
9. Não tente ser "um dos rapazes".

10. Lembre-se de que você não tem de gostar de alguém para realizar seu trabalho.
11. Reconheça que as intenções alheias podem ser diferentes de suas interpretações das palavras ou comportamento dessas pessoas.
12. Como administradora, concentre-se no trabalho de mais importância; não se perca nos detalhes. Delegue.
13. Promova seus pontos fortes, capacidade e realizações dentro de sua organização com reuniões periódicas, relatórios, etc.
14. Fique atenta à quantidade de pessoas, sentimentos e relacionamentos que inclui nas suas conversas.
15. Mantenha uma aparência bem cuidada e uma imagem profissional.
16. Use termos mais literais, diga o que quer dizer, sem fazer insinuações.
17. Tome algumas decisões de maneira independente, em vez de sempre pedir opiniões e informações aos outros.
18. Não suponha que os homens queiram intencionalmente ofendê-la.
19. Evite fortes demonstrações emocionais.
20. Reduza o número de vezes em que diz, "Sinto muito".
21. Saiba quando iniciar uma batalha – não brigue por qualquer ofensa – dê um passo por vez.
22. Seja flexível e mantenha uma atitude positiva quanto às diferenças!

SUGESTÕES PARA HOMENS, AO FALAREM COM MULHERES, OU ESTILO MASCULINO PARA ESTILO FEMININO

1. Esteja atento porque o impacto de sua maneira de se expressar e o modo de interpretá-la podem ser negativos, independentemente de suas boas intenções.

2. Acrescente um pouco de sentimento e de relacionamento ao conteúdo de suas conversas.
3. Use um estilo ganha-ganha e não ganha-perde, e não tente competir para ver quem está por cima. Preste atenção ao estilo que emprega.
4. Use "mulher" e "mulheres", ou termos que não correspondem a um sexo em particular, tais como "cada pessoa", "pessoal da gerência", "pessoas", "pessoal técnico", etc.
5. Reconheça que as intenções de uma mulher podem não corresponder à maneira como você interpreta suas palavras ou comportamento.
6. Monitore o uso de "Faça isto", "Pegue aquilo", e outros tipos de linguagem autoritária.
7. Diga: "Sinto muito", "Desculpe-me", "Por favor", e "Obrigado" com mais freqüência.
8. Use humor em geral – com ocasionais autodepreciações –, não humor agressivo, ofensivo, sexual, ou que diminui os outros.
9. Um estilo mais suave adotado por uma mulher (ou homem) não significa, necessariamente, que a pessoa seja menos competente.
10. Se as mulheres discutirem problemas com você, pergunte-lhes se querem ajuda ou apenas alguém que as ouça.
11. Lembre-se de que você não é responsável pelos problemas delas.
12. Demonstre empatia, mas não receie as lágrimas derramadas pelas mulheres; esta é somente uma maneira diferente de expressar emoções.
13. Peça mais vezes às mulheres suas opiniões e informações de modo geral.
14. Atenção para o fato de que muitas mulheres preferem um grande número de detalhes sobre um determinado assunto e esteja preparado para oferecê-los.
15. Mantenha uma aparência bem cuidada e uma imagem profissional.

16. Imprima um tom mais pessoal às suas interações e insira algumas revelações pessoais em suas conversas.
17. Mantenha um contato direto dos olhos, porém não contínuo.
18. Evite interromper e empregue sua capacidade de ouvir ativamente.
19. Observe expressões faciais e linguagem corporal para detectar sinais de confusão ou aborrecimento.
20. Diga, "Desculpe-me" mais vezes, também no caso de pequenos erros ou ofensas.
21. Não subestime a capacidade de uma mulher apenas porque ela não fala sobre suas realizações e pontos fortes.
22. Seja flexível e mantenha uma atitude positiva quanto às diferenças!

"O importante é não parar de questionar."
Albert Einstein

CAPÍTULO 9

PRATIQUE!

"Ouço e esqueço. Vejo e lembro.
Faço e compreendo."
Confúcio

Por que não praticar aquilo que você aprendeu? Faça os exercícios a seguir e eles o ajudarão a integrar o conhecimento adquirido à sua interação com outras pessoas, em situações diferentes, porém comuns, tanto no trabalho quanto na sua vida pessoal. Depois de tê-los resolvido, poderá recorrer a eles como referência e aplicação em circunstâncias semelhantes na vida real.

Lembre-se, não existe uma única forma perfeitamente correta de responder, especialmente porque em alguns desses estudos de caso há ambigüidades, e você precisará fazer suposições. Também tenha em mente que sempre existem dois lados em todas as situações. Divirta-se com eles. Poderá ser benéfico fazer uma pausa após ler cada um deles e colocar-se no lugar do personagem. Fique à vontade para consultar as informações contidas no livro. No final deste capítulo, incluí textos referentes a algumas das situações para ajudá-lo a confirmar a direção tomada e verificar suas idéias. Contudo, o seu roteiro deve ser escrito com as suas próprias palavras. Atenção: há tantas respostas corretas quanto o número de pessoas que vão responder!

Alguns lembretes:

1. As melhores abordagens são a compaixão e a educação.
2. Toda situação tem dois lados válidos.
3. Seja claro, sucinto e descreva sentimentos.
4. Peça o apoio e o comportamento que deseja.
5. As pessoas, em geral, colocam-se na defensiva quando se sentem atacadas, não amadas ou desrespeitadas. Faça com que se sintam seguras e as suas interações serão muito mais bem-sucedidas e agradáveis.
6. Quanto mais específico você for na redação de suas respostas, mais bem preparado estará para lidar eficientemente com os conflitos de comunicação na vida real.

"Nada fortalece o discernimento e acelera o desenvolvimento da consciência como a responsabilidade individual."

Elizabeth Cady Stanton

1. A REUNIÃO

Todas as terças-feiras, na parte da manhã, Louis, John, Marjorie, Howard e Keith se reúnem para discutir o *status* dos projetos em andamento. Durante a reunião mais recente, Marjorie havia feito uma sugestão para mudança no método de trabalho. Ninguém respondera e, por isso, ela presumira que os colegas não tinham gostado da idéia.

Momentos depois, na reunião, Louis fez a mesma sugestão e o grupo lhe dedicou atenção, discutiu-a e, com algumas pequenas alterações, a aceitou. O grupo agradeceu a Louis por sua valiosa contribuição, enquanto Marjorie permanecia em silêncio, chocada e perturbada com o fato de ter sido ignorada quando oferecera, minutos antes, a mesma idéia.

1. Que diferenças entre os sexos podem ter contribuído para essa situação?

2. Como os outros poderiam ter agido para reconhecer e ser justos com Marjorie? Seja específico em sua redação.

   a. O que Louis poderia ter dito? Como ele poderia ter feito para apresentar a mesma idéia logo depois?

   b. E quanto a John, Howard e Keith?

3. Como Marjorie poderia ter conduzido a situação?

   a. Como ela poderia ter prefaciado sua sugestão para depois apresentá-la ao grupo?

   b. O que ela poderia ter dito quando Louis enunciou mais tarde a mesma idéia?

II. O INTERLOCUTOR AUSENTE

Patty estava preocupada com uma série de coisas e, realmente, precisava dar vazão a elas. Bruce ouvia, enquanto passava os olhos pelos classificados do jornal – ele procurava um automóvel usado. "Você ouviu uma única palavra do que eu disse?", Patty exclamou. "Você nunca presta atenção em mim; acho que você nem mesmo se importa com o que digo ou com o que me preocupa. Como você pode me tratar assim?" Bruce parecia aborrecido e não sabia o que responder. "Ouvi você, qual é o grande problema?" Patty ficou atônita diante do que lhe pareceu uma grande falta de sensibilidade. Ela saiu da sala aos prantos.

1. Que diferenças entre os sexos podem ter contribuído para essa situação?

2. O que Bruce poderia ter feito de modo diferente enquanto Patty falava com ele?

3. Como Patty poderia ter discutido melhor seus problemas com Bruce?

III. A EXCLUSÃO

Jessica não conseguia acreditar. Os outros membros da força-tarefa, Jeff, Ralph e Linda a haviam deixado, mais uma vez, de fora de uma importante reunião. Aquilo já tinha acontecido antes. O grupo não a tinha notificado sobre a reunião, e importantes decisões foram tomadas sem ela. Jeff era seu ponto de contato. Ele deveria informá-la sobre todas as reuniões. Da última vez em que não tinha participado, Jessica dissera a Jeff que se sentira excluída e magoada e lhe pedira que, por favor, a incluísse em outras ocasiões. Ele o fez nas semanas seguintes, mas agora parecia que havia voltado a seus velhos truques. Os outros dois, Ralph e Linda, não teriam se perguntado onde ela estaria durante essas reuniões? O que eles pensavam?

1. Que diferenças entre os sexos podem ter contribuído para essa situação?

2. O que Jessica deveria fazer? O que exatamente deveria dizer e para quem?

3. Alguma outra sugestão?

IV. O CLIENTE RUDE

Nancy, uma representante de vendas da Finest Forms, fica intimidada na presença de Hank, que atua em nome de um de seus maiores clientes. Hank é um agente de compras do Best Bank. Suas respostas tinham sido ásperas quando Nancy tentara entrevistá-lo para conhecer as necessidades básicas do banco, relativas a um novo sistema de formulários. Ele respondera por monossílabos e não parara para suprir os detalhes de que Nancy precisava para assegurar um trabalho preciso e de qualidade. Hank lhe dissera várias vezes, "Tanto faz!" ou usara outros comentários semelhantes, como se aquilo não tivesse importância, em vez de responder às perguntas de Nancy completa e claramente. Finalmente, ele comentara que era trabalho dela compreender os detalhes; isso fazia parte do projeto pelo qual ele estava lhe pagando.

Nancy saiu do banco e dirigiu de volta para o escritório. Sentia-se frustrada, constrangida, irritada e preocupada com a produção do novo sistema, com precisão e dentro do prazo. Hank era um idiota! Contudo, Nancy precisava conseguir as informações com ele, independentemente de seus sentimentos ou opiniões. Telefonou para a assistente de Hank e marcou uma hora com ele para o dia seguinte. E agora, como resolver a questão?

1. Que diferenças entre os sexos podem ter contribuído para essa situação?

No que diz respeito a Hank?

No que diz respeito a Nancy?

2. O que Nancy pode dizer a Hank para ajudá-lo a compreender a importância de sua cooperação? Como ela deveria dirigir-se a ele, em termos de tom de voz e postura? Seja específico e redija um texto pormenorizado que possa ser representado para o grupo.

3. Como Nancy pode agir para impedir que esse atraso/obstáculo ocorra novamente no futuro, com Hank ou qualquer outra pessoa?

V. EQUITAÇÃO

Frank estava ansioso para andar a cavalo. Fazia anos que não montava num cavalo, e isso lhe fazia falta. Enquanto atravessava a colina e se aproximava do local onde a tratadora estava preparando os cavalos, ele disse alô em voz alta.

"Oi!", respondeu Betty, a encarregada dos cavalos. "Você deve ser Frank. Bem-vindo ao Rancho Fast Gallop. Diga-me que tipo de cavalgada você faz, e com que freqüência, para que eu possa escolher o cavalo certo para você."

"Ah, prefiro a do oeste, e já cavalguei bastante. Desde criança, na verdade, sinto-me bem confortável sobre um cavalo; por favor, não me dê um velho pangaré ou qualquer coisa deste tipo."

"Está bem!", Betty disse. Ela selou Lady para o seu cliente e acompanhou Frank numa cavalgada pelo desfiladeiro.

Durante o passeio, Betty observou que Frank não estava firme e tentava equilibrar-se na sela e, por isso, ela optou por não galopar. Frank ficou desapontado e queixou-se para a proprietária do rancho quando os dois voltaram para o estábulo. "Quanto tempo faz que o senhor não sai para cavalgar"?, Cathy lhe perguntou.

"Conte-me exatamente qual é a sua experiência." Nossa primeira preocupação aqui é a segurança, e se Betty sentiu que o senhor não estaria seguro se andassem mais depressa, ou se ela percebeu que Lady era o cavalo errado para o senhor, confio na decisão dela. Sinto muito pelo fato de a cavalgada não ter correspondido às suas expectativas; certamente queremos que todos se divirtam aqui. Por que não volta num outro dia? Nós marcaremos uma breve aula de revisão para o senhor antes de levá-lo ao cânion. O que o senhor acha?" Frank pareceu se acalmar, marcou a próxima cavalgada e foi embora.

1. Que diferenças entre os sexos podem ter contribuído para essa situação?

2. Como Frank poderia ter evitado o desapontamento?

3. Que atitude diferente Betty poderia ter tomado antes de selecionar o cavalo Lady para Frank?

4. O que Frank poderia ter dito durante a cavalgada para que ambos, ele e Betty, se sentissem melhor?

5. O que Betty poderia ter dito durante a cavalgada?

VI. O MENTOR E A PROTEGIDA

Claire, uma profissional experiente, foi contratada recentemente; Rob, seu mentor, vem orientando Claire há vários meses. Até agora, princípios gerais, tais como os objetivos de Claire e recursos disponíveis têm sido abordados; ao mesmo tempo, alguns conselhos lhe foram dados quanto a questões com clientes.

Um aspecto das responsabilidades de Rob como orientador é observar como Claire interage no decorrer de reuniões (tanto formais quanto informais), e com clientes e colegas. Ele notou que a nova contratada revela uma tendência para fazer muitas perguntas, com o objetivo de obter ajuda de outros funcionários, antes de tomar decisões; isso ocorre até mesmo com o pessoal de "nível inferior". Na realidade, Rob ouviu um sócio comentar "Contratamos Claire em virtude de seu conhecimento e respostas; por que ela está sempre pedindo ajuda? Não sabe o que está fazendo?"

Na opinião de Rob, Claire tem capacidade para desenvolver sua carreira na empresa, mas duvida de seu potencial se esse comportamento continuar. Para seu mal-estar moral e emocional, após procrastinar durante várias semanas, ele terá que abordar o comportamento de Claire na próxima reunião que tiverem.

1. Que diferenças entre os sexos podem ter contribuído para essa situação? E por que Rob teria adiado a conversa com Claire, em que lhe transmitiria o resultado de suas observações?

2. Como Rob deveria lidar com isso? Prepare um texto específico.

3. Em que aspectos a redação mudaria se o instrutor de Claire fosse uma mulher?

4. Em que sentido a abordagem de Rob seria diferente se o estilo de Claire tivesse se mostrado justamente o oposto, muito agressivo e não-inclusivo?

VII. FORMAS DE TRATAMENTO

Jennifer é a nova recepcionista de uma importante concessionária de veículos. Ela tem vinte e poucos anos, inteligência, e demonstra um bom potencial, mas ainda está "aprendendo o ofício".

Mary é uma representante de vendas experiente, antiga na firma, de pouco mais de 50 anos, a quem Jennifer respeita; ela sabe que Mary pode ensinar-lhe muito sobre o trabalho. Entretanto, Mary faz regularmente uma coisa que aborrece Jennifer... ela chama a jovem de "Querida" e "Doçura", somente usando o nome de Jennifer quando precisa atrair sua atenção a distância, por exemplo, através do saguão.

Jennifer fica cada vez mais ressentida com a situação, e isso começa a afetar sua relação profissional com Mary. A recém-contratada deu a entender (numa imitação de Mary e revirando os olhos) a Paul, seu chefe, que as formas de tratamento de Mary faziam-na sentir-se inferiorizada, porém Paul apenas riu e continuou com suas ocupações.

1. Que diferenças entre os sexos (Jennifer, Mary e Paul) podem ter contribuído para essa situação?

2. Como Jennifer deveria ter se comportado com Mary? Escreva um texto específico.

3. O que Jennifer poderia ter feito para evitar o próprio ressentimento?

4. O que Jennifer deveria ter dito a Paul, se é que deveria ter dito alguma coisa, e quando?

5. Dada a conversa de Jennifer com Paul, como este poderia ter agido para ajudar a solucionar o problema de Jennifer? Por favor, seja específico.

VIII. A TAGARELA

Helen é uma representante bastante experiente de serviços ao consumidor e já trabalha há oito anos com o mesmo empregador. George, sua contraparte em vendas, é sócio na empresa há quinze anos. Contudo, George e, nesse aspecto, muitos dos colegas de Helen, geralmente evitam conversar com ela. Na opinião deles, Helen fala demais. Ela sempre mergulha em numerosos detalhes sobre algumas características comerciais ou outro tópico de interesse no momento, levando um tempo excessivo para discuti-lo. Para tornar as coisas piores, às vezes suas descrições minuciosas acabam consumindo ainda mais tempo porque seu interlocutor fica confuso com tantos pormenores e precisa de mais explicações. George receia os períodos em que ele e Helen trabalham juntos num projeto. Ele já tentou dizer-lhe indiretamente, tentou parecer muito ocupado, pedindo para sua assistente bipá-lo. George até mesmo lhe pediu, polidamente, para ir direto ao assunto porque ele tinha uma reunião para ir, mas antes queria ajudá-la a esclarecer suas dúvidas. Nada funcionou. Agora, porém, que os colegas de Helen estão se queixando, ele precisa fazer alguma coisa mais efetiva. Por razões pessoais desconsiderou a opção de conversar com o supervisor dela.

1. Que diferenças entre os sexos podem ter contribuído para essa situação?

No que diz respeito a Helen?

No que diz respeito a George?

2. O que George deveria dizer a Helen? Que estilo(s) de resposta seria(m) mais apropriado(s)? Escreva um texto específico que possa ser representado para o grupo.

3. O que os colegas de Helen poderiam ter dito a ela para ajudá-la a compreender a situação?

4. Como Helen deveria relatar ou discutir questões importantes para ela?

IX. O DESENTENDIMENTO

Ryan chegou em casa quarta-feira à noite uma hora mais tarde do que sua esposa Julie esperava. Ela estava aborrecida. "Por que você está sempre atrasado? Por que você não me telefonou? Achei que alguma coisa ruim pudesse ter acontecido! O que você espera que eu pense quando você se atrasa desse jeito?"

"Algumas vezes as coisas não saem do jeito que a gente quer, Julie!", Ryan respondeu, na defensiva. "Eu não posso viver a minha vida tentando satisfazer cada um de seus desejos." Ele saiu como um furacão, entrando em seu estúdio e fechando a porta.

1. Que diferenças entre os sexos podem ter contribuído para essa situação?

2. Como Julie deveria ter manejado a situação?

3. O que Ryan poderia ter feito de maneira diferente?

4. O que esse casal pode fazer agora e no futuro para evitar esse tipo de discussão?

X. MAU HUMOR

Nicole, conhecida por sua personalidade gentil e gregária, trabalha com venda de veículos. Em geral, seu parceiro é Tom, um representante de vendas com cerca de seis meses de experiência a mais que ela.

Nicole atendeu um potencial comprador o qual, após três visitas à agência de automóveis, desistiu de comprar um Explorer. Tom perdeu a paciência com Nicole e gritou com ela, culpando-a pela perda da venda. Todos podiam ver que Nicole estava constrangida e aborrecida. Ela evitou Tom até o final do expediente. No dia seguinte, Nicole comentou com vários colegas sobre a falta de educação de Tom.

1. Que diferenças entre os sexos podem ter contribuído para essa situação?

2. Como Nicole deveria ter lidado com essa situação? Seja específico quanto ao estilo(s) de resposta e redação.

   a. Quando Tom gritou com ela?

   b. No dia seguinte?

3. Que atitude diferente Tom poderia ter tomado? Seja específico em relação ao estilo de resposta e redação.

   a. Em vez de gritar com Nicole?

   b. Quando ele percebeu que Nicole estava aborrecida?

XI. O PROJETO

Eric, novo contratado da empresa, está ansioso para começar a trabalhar em seu primeiro projeto agendado, na segunda-feira depois do período de treinamento. Infelizmente, Ashley, funcionária mais graduada, envolvida nesse trabalho, estará de férias nas duas semanas seguintes. Seguindo o conselho de uma associada em seu segundo ano, Mary, ele decide iniciar o projeto e se dirige a ela para esclarecer suas dúvidas.

Antes disso, contudo, ele deixa uma mensagem de voz para Ashley, informando-a de que está começando a desenvolver o projeto. Duas semanas mais tarde, Eric sente-se orgulhoso em apresentar o projeto a Ashley, do qual, ele acredita, já terminou 80%, em apenas 60% do tempo incluído no orçamento. Ashley o repreende asperamente durante dez minutos, dizendo-lhe que ele usara mal seu julgamento e lhe pergunta: "Como você pôde dar início a esse projeto sem me consultar antes?" Eric fica muito aborrecido. Ele apenas tentara cumprir sua tarefa; sente-se ainda mais enraivecido ao receber um comentário negativo em relação a somente quatro pontos de menor importância do projeto, após a revisão de Ashley. "Além disso, ela nunca respondeu à minha mensagem de voz!"

1. Que diferenças entre os sexos podem ter contribuído para essa situação?

2. Como Ashley deveria ter lidado com essa situação?

　a. Quando descobriu o que havia acontecido?

　b. Depois de ter revisado o trabalho?

3. De que outra maneira Eric poderia ter agido?

　a. Quando Mary recomendou que ele fosse em frente e passasse para a execução do projeto?

　b. Quando Ashley não respondeu à sua mensagem?

4. Existe possibilidade de reconciliação e continuação do relacionamento? De que maneira?

　a. Entre Ashley e Eric?

　b. Entre Eric e Mary?

XII. A CONSUMIDORA COMPULSIVA

Van releu a fatura do cartão de crédito e entrou furioso na cozinha. "Charlotte, qual o seu problema? Eu lhe disse mil vezes para parar de comprar todas essas coisas para a casa. Você não compreende? Nosso orçamento está apertado! Como você espera poder pagar a faculdade dos nossos filhos se continuar a gastar nosso dinheiro em toalhas e bugigangas?"

Charlotte pareceu frustrada e culpada ao mesmo tempo. Ela suspirou e foi para o quarto sem responder. A raiva de Van só aumentou.

1. Que diferenças entre os sexos podem ter contribuído para essa situação?

2. O que Van poderia ter dito de diferente para manter Charlotte interessada na discussão?

3. Que outra reação Charlotte poderia ter tido diante do desabafo de Van?

4. Que diferentes caminhos esse casal poderá escolher da próxima vez em que um deles tiver uma preocupação muito significativa em relação ao comportamento do outro?

XIII. A PROFISSIONAL DA ÁREA DE FINANÇAS

Cindi era vista como uma mulher resignada. O seu cargo na área de planejamento financeiro ficava ainda mais difícil por causa da luta que travava diariamente para obter a atenção do seu gerente. Ela trabalhava longas horas e se empenhava muito, mas ainda havia muito o que aprender e ela sentia que precisava de mais orientação para poder oferecer, serviços, produtos e planejamentos melhores para os clientes.

O seu gerente, Rashid, era uma pessoa muito ocupada também e não lhe dedicava (ou não queria lhe dedicar) o tempo de que ela precisava. Ele se debruçava sobre a escrivaninha dela todos os dias e perguntava, "Como vai indo?" No entanto, como continuava andando ou sempre parecia estar com pressa, Cindi só podia dizer o que ele esperava ouvir, "Muito bem!" Em raras ocasiões, quando ela conseguia algum tempo sozinha com ele em seu escritório, ele dizia algo como, "Tudo bem, vamos ver o que você esta fazendo de errado".

Mais uma vez, ela se sentia frustrada e quase a ponto de desistir. Seu gerente não a compreendia nem às suas necessidades.

1. Que diferenças entre os sexos podem ter contribuído para essa situação?

2. Como Rashid poderia ter interagido de modo mais eficiente com Cindi?

3. Qual seria a maneira melhor de Rashid abordar os desafios de Cindi?

4. O que Cindi poderia dizer a Rashid para conseguir a atenção e orientação dele de maneira mais eficaz e produtiva?

SUGESTÕES DE RESPOSTAS

1. A REUNIÃO

Todas as terças-feiras, na parte da manhã, Louis, John, Marjorie, Howard e Keith se reúnem para discutir o *status* dos projetos em andamento. Durante a reunião mais recente, Marjorie havia feito uma sugestão para mudança no método de trabalho. Nin-

guém respondera e, por isso, ela presumira que os colegas não tinham gostado da idéia.
   Momentos depois, na reunião, Louis fez a mesma sugestão e o grupo lhe dedicou atenção, discutiu-a e, com algumas pequenas alterações, a aceitou. O grupo agradeceu a Louis por sua valiosa contribuição, enquanto Marjorie permanecia em silêncio, chocada e perturbada com o fato de ter sido ignorada quando oferecera, minutos antes, a mesma idéia.

1. Que diferenças entre os sexos podem ter contribuído para essa situação?
   Homens – superioridade, independência, competição, menos atenção aos detalhes; mulheres – linguagem inclusiva e indireta, evitam conflitos, não se gabam nem esperam reconhecimento, harmonia, inferioridade.

2. Como os outros poderiam ter agido para reconhecer e ser justos com Marjorie? Seja específico em sua redação.
   a. O que Louis poderia ter dito? Como poderia ele ter feito para apresentar a mesma idéia mais tarde? "Marjorie, grande idéia. Eu estava pensando a mesma coisa, mas acrescentaria alguns pormenores" ou "A idéia que Marjorie apresentou minutos atrás me pareceu boa. Podemos desenvolver esse conceito."
   b. E quanto a John, Howard e Keith? "Sim, Louis, era sobre isso que Marjorie estava falando minutos atrás." Ou "Marjorie, foi isso, basicamente, o que você mencionou antes?"

3. Como Marjorie poderia ter conduzido a situação?
   a. Como ela poderia ter prefaciado sua sugestão para depois apresentá-la ao grupo? "Eu tenho uma idéia, vamos..." ou "Vocês vão gostar desta idéia", ou "Tive uma boa idéia; aqui está..."
   b. O que ela poderia ter dito quando Louis enunciou mais tarde a mesma idéia?

"Sim, Louis, era sobre isso que eu estava falando há pouco", ou "Grandes mentes pensam da mesma forma; exatamente o que pensei, Louis".

11. O INTERLOCUTOR AUSENTE

Patty estava preocupada com uma série de coisas e, realmente, precisava dar vazão a elas. Bruce ouvia, enquanto passava os olhos pelos classificados do jornal – ele procurava um automóvel usado. "Você ouviu uma única palavra do que eu disse?", Patty exclamou. "Você nunca presta atenção em mim; acho que você nem mesmo se importa com o que digo ou com o que me preocupa. Como você pode me tratar assim?" Bruce parecia aborrecido e não sabia o que responder. "Ouvi você, qual é o grande problema?" Patty ficou atônita diante do que lhe pareceu uma grande falta de sensibilidade. Ela saiu da sala aos prantos.

1. Que diferenças entre os sexos podem ter contribuído para essa situação?

   Homens – menos atenção aos detalhes, laços baseados em tarefas e atividades, sentem-se responsáveis pelos sentimentos femininos, sentem-se atacados, ouvem em silêncio; mulheres – ligam-se a outras pessoas por meio das palavras, processam os problemas verbalmente, precisam olhar nos olhos, estão mais sintonizadas com as emoções, necessitam de maior apoio emocional.

2. O que Bruce poderia ter feito de maneira diferente enquanto Patty falava com ele? Estabelecer um melhor contato visual, fazer sinais com a cabeça e, uma vez ou outra, inserir comentários, como "Compreendo", "Não diga", ou outros semelhantes; fazer-lhe perguntas sobre o assunto em questão e sobre como ela estava se sentindo.

3. Como Patty poderia ter discutido melhor seus problemas com Bruce? Antes de começar a discussão – "Bruce, preciso lhe falar sobre uma coisa, e eu realmente agradeceria se você me desse total atenção. Sempre me ajuda conversar com você, e você pode ser realmente um bom ouvinte". Mais tarde, quando Bruce não estivesse prestando atenção – "Bruce, isto é importante para mim. Sei que você precisa ler os anúncios, mas eu ficaria muito grata se você esperasse apenas alguns minutos, enquanto conversamos".

V. EQUITAÇÃO

Frank estava ansioso para andar a cavalo. Fazia anos que não montava num cavalo, e isso lhe fazia falta. Enquanto atravessava a colina e se aproximava do local onde a tratadora estava preparando os cavalos, ele disse alô em voz alta.

"Oi!", respondeu Betty, a encarregada dos cavalos. "Você deve ser Frank. Bem-vindo ao Rancho Fast Gallop. Diga-me que tipo de cavalgada você faz, e com que freqüência, para que eu possa escolher o cavalo certo para você."

"Ah, prefiro a do oeste, e já cavalguei bastante. Desde criança, na verdade, sinto-me bem confortável sobre um cavalo; por favor, não me dê um velho pangaré ou qualquer coisa deste tipo."

"Está bem!", Betty disse. Ela selou Lady para o seu cliente e acompanhou Frank numa cavalgada pelo desfiladeiro.

Durante o passeio, Betty observou que Frank não estava firme e tentava equilibrar-se na sela e, por isso, ela optou por não galopar. Frank ficou desapontado e queixou-se para a proprietária do rancho quando os dois voltaram para o estábulo. "Quanto tempo faz que o senhor não sai para cavalgar"?, Cathy lhe perguntou. "Conte-me exatamente qual é a sua experiência. Nossa primeira preocupação aqui é a segurança, e se Betty sentiu que o senhor não estaria seguro se andassem mais depressa, ou se ela percebeu que Lady era o cavalo errado para o senhor, confio na decisão dela.

Sinto muito pelo fato de a cavalgada não ter correspondido às suas expectativas; certamente queremos que todos se divirtam aqui. Por que não volta num outro dia? Nós marcaremos uma breve aula de revisão para o senhor antes de levá-lo ao cânion. O que o senhor acha?" Frank pareceu se acalmar, marcou um dia para a próxima cavalgada e foi embora.

1. Que diferenças entre os sexos podem ter contribuído para essa situação?
Homens – superioridade, independência, competição; mulheres – harmonia, evitam conflitos.

2. Como Frank poderia ter evitado o desapontamento? Ele deveria ter sido mais honesto e falado sobre sua habilidade de controlar um cavalo, sem esquivar-se. Pedir a Betty algumas sugestões, enquanto cavalgavam. Admitir que estava um pouco sem prática e perguntar à instrutora se seria possível trocar o cavalo por um outro que tivesse um passo mais suave.

3. Que atitude diferente Betty poderia ter tomado antes de selecionar o cavalo Lady para Frank? "Frank, quando você diz que já cavalgou muito, o que muito significa exatamente? Com que freqüência e há quanto tempo? Você se sente à vontade galopando? Normalmente, o que fazemos aqui é ver como a cavalgada vai indo, antes de decidir o quanto podemos galopar, está bem? Segurança é o mais importante. E também queremos nos divertir bastante!"

4. O que Frank poderia ter dito durante a cavalgada para que ambos, ele e Betty, se sentissem melhor? "Betty, acho que estou um pouco enferrujado; você poderia me dar algumas instruções? O que eu preciso fazer para que possamos galopar?"

5. O que Betty poderia ter dito durante a cavalgada? "Frank, Lady tem um galope muito rápido e eu não estou certa de que ela seja o melhor cavalo para você. Posso lhe dar algu-

mas indicações para tornar a sua cavalgada mais confortável?" Ou "Não tenho certeza de que seria seguro galoparmos hoje; você poderia estar um pouco sem prática e certamente não queremos que ninguém se machuque. Da próxima vez nós lhe daremos Princess; sem dúvida você se sentirá mais à vontade. Então poderemos galopar bastante".

VII. FORMAS DE TRATAMENTO

Jennifer é a nova recepcionista de uma importante concessionária de veículos. Ela tem vinte e poucos anos, inteligência, e demonstra um bom potencial, mas ainda está "aprendendo o ofício".

Mary é uma representante de vendas experiente, antiga na firma, de pouco mais de 50 anos, a quem Jennifer respeita; ela sabe que Mary pode ensinar-lhe muito sobre o trabalho. Entretanto, Mary faz regularmente uma coisa que aborrece Jennifer... ela chama a jovem de "Querida" e "Doçura", somente usando o nome de Jennifer quando precisa atrair sua atenção a distância, por exemplo, através do saguão.

Jennifer fica cada vez mais ressentida com a situação, e isso começa a afetar sua relação profissional com Mary. A recém-contratada deu a entender (numa imitação de Mary e revirando os olhos) a Paul, seu chefe, que as formas de tratamento de Mary faziam-na sentir-se inferiorizada, porém Paul apenas riu e continuou com suas ocupações.

1. Que diferenças entre os sexos (Jennifer, Mary, Paul) podem ter contribuído para essa situação?

Homens/estilo masculino – menos harmonia, emoção, orientação para os relacionamentos, menos desejo de preocupar-se com detalhes, independência, superioridade (querem que elas lidem sozinhas com os problemas); mulheres – abordagem indireta, evitam conflito, sentem-se inferiorizadas.

2. Como Jennifer deveria ter se comportado com Mary? Escreva um texto específico. "Mary, tenho aprendido muito com você; sou grata por sua ajuda. Há outra coisa com relação à qual eu poderia usar sua ajuda também. Sei que sua intenção é boa, porém eu realmente agradeceria se você me chamasse de Jennifer o tempo todo, em vez de usar 'querida' e 'doçura' na maioria das situações. Parece algo simples, mas é importante para mim. Você pode me ajudar com isso?"

3. O que Jennifer poderia ter feito para evitar o próprio ressentimento? Falar com Mary sobre o assunto imediatamente e não adiar a conversa.

4. O que Jennifer deveria ter dito a Paul, se é que deveria ter dito alguma coisa, e quando? Ela deveria ter tentado esclarecer a situação com Mary e só procurar Paul se o comportamento da colega não mudasse depois de ela ter lhe pedido algumas vezes. Se ela precisasse conversar com Paul sobre a questão, "Paul, preciso de sua ajuda para resolver uma situação. Não se trata de algo grave, mas é importante para mim, o suficiente para eu falar com você a respeito. Mary fica me chamando de 'querida' e 'doçura', e eu realmente não gosto disso. Conversei com ela algumas vezes, contudo, nada mudou. Mary me ajuda bastante e eu não quero comprometer o nosso relacionamento. Existe algum meio de você me ajudar? O que você acha de fazer um anúncio geral durante a próxima reunião dos funcionários, lembrando a todos que a política da empresa deve ser seguida?"

5. Dada a conversa de Jennifer com Paul, como este poderia ter agido para ajudar a solucionar o problema de Jennifer? Seja específico.
Quando em dúvida, pergunte. Paul percebeu que o fato de Jennifer imitar Mary era incomum, e ele deveria ter per-

guntado a Jennifer se ela estava apenas brincando ou se alguma coisa a estava aborrecendo; se queria falar sobre o assunto. Ele, então, poderia ter dado sugestões à jovem recepcionista sobre como lidar com Mary ou ter feito o anúncio como Jennifer sugeriu; ou, ainda, resolver a questão da maneira que lhe parecesse a mais apropriada.

Nota: Lembre-se de que o meu objetivo, ao lidar com esses níveis relativamente baixos de conflito, inclui conservar o relacionamento e levar em consideração a personalidade e o estilo das outras pessoas envolvidas. A menos que a ofensa seja muito grave, ameace a carreira profissional ou se repita, uma abordagem pacífica provavelmente será mais eficiente. Descreva, com diplomacia, respeito e compaixão, o problema, por que ele o preocupa e as mudanças de que precisa. Ao mesmo tempo, seja claro e conciso – sem dar a entender.

No entanto, se a ofensa for muito grave, ameace a carreira profissional ou se repita depois de várias tentativas para eliminar o comportamento, pode ser necessária uma abordagem mais assertiva, possivelmente com uma nota dizendo que superiores serão informados sobre a questão, caso não seja resolvida.

Bibliografia

Livros:

Baridon, A.P. e Eyler, D.R. *Working Together*. Nova York: McGraw-Hill, 1994.

Beckwith, S. *Why Can't a Man Be More Like a Woman?* Nova York: Kensington Books, 1995.

Bly, R. *Iron John, A Book About Men*. Addison-Wesley Publishing Company, Inc., 1990.

Briles, J. *Gender Traps*. Nova York: McGraw-Hill, 1996.

Brizendine, Louann, MD, *The Female Brain*. Morgan Road Books, 2006.

Evatt, C. *The Opposite Sides of the Bed*. Emeryville, CA: Conari Press, 1993.

Fyock, C.D. *Women in the Workplace*. San Diego: Pfeiffer & Co., 1994.

Glass, L. Ph.D. *He Says, She Says*. Nova York: Perigee Books, 1992.

Gray, J. *Men Are From Mars, Women Are From Venus*. Nova York: HarperCollins Publishers, 1992.

Hart, L.B. e Dalke, D. *The Sexes at Work*. Amherst, MA: HRD Press, 1992.

Heim, P. Ph.D. *Smashing the Glass Ceiling*. Nova York: Fireside (Simon & Schuster), 1993.

Lightle, J. e Doucet, B. *Sexual Harassment in the Workplace*. Menlo Park, CA: Crisp Publications, Inc., 1992.

Manning, M. e Haddock, P. *Leadership Skills for Women*. Menlo Park, CA: Crisp Publications, Inc., 1989.

Melia, J. *Breaking into the Boardroom*. Nova York: G. Putnam's Sons, 1986.

Miles, R. *The Women's History of the World*. Salem House Publishers, 1989.

Morgan, E. *The Descent of Woman*. Nova York: Stein and Day Publishers, 1972.

Myers, S. e Lambert, J. *Gender at Work; Improving Relationships*, 1992.

Reardon, K.K. Ph.D. *They Don't Get It, Do They?* Little, Brown and Co., 1995.

Schaef, A.W. *Women's Reality*. Harper San Francisco, 1992.

Simons, G. e Weissman, G.D. *Men and Women, Partners at Work*. Menlo Park, CA: Crisp Publications, Inc., 1990.

Steinem, G. *Revolution from Within*. Canada: Little, Brown & Co., 1993.

Tanenbaum, J. *Male & Female Realities*. Chicago: IPG, 1989.

Tannen, D. *Talking From 9 to 5*. Nova York: William Morrow & Co., 1994.

Tannen, D. *You Just Don't Understand, Women and Men in Conversation*. Nova York: Ballantine Books, 1990.

Tavris, C. *The Mismeasure of Woman*. Touchstone Books, Simon & Schuster, 1992.

Tingley, J. *Genderflex – Ending the Workplace War Between the Sexes*. Phoenix: Performance Improvement, 1993.

White, J. *A Few Good Women: Breaking the Barriers To Top Management*. Prentice Hall, 1990.

Artigos:

Alperstein, E. "Say Cheese. New Research Tracks the 'Grin Gap' Between Boys and Girls." *Los Angeles Times*, 14 abr., 2000.

Baird, J.E, e Bradley, P.H. "Styles of Management and Communication: A Comparative Study of Men and Women." *Communication Monographs*, vol. 46, jun., 1979.

Brotman, B. "When a Woman Blows the Whistle." Reimpresso do *Chicago Tribune* pelo *Los Angeles Times*, 2002.

Brothers, J. "What Men Don't Understand About Women." *Reader's Digest*, jul., 1994.

Brownell, J. "Communicating with Credibility: The Gender Gap." *The Cornell H.R.A. Quarterly*, abr., 1993.

Caudron, S. "Sexual Politics (Gender Relations in the Office)." *Personnel Journal*, v. 74 n. 5, maio 1995, p. 50.

Chusmir, L.H. e Parker, B. "Gender and Situational Differences in Manager's Values: A Look at Work and Home Lives." *Journal of Business Research*, 1991:23:325-335.

Epstein, C.F. "Ways Men and Women Lead." *Harvard Business Review*, jan.-fev., 1991.

Gorman, C. "Sizing Up the Sexes." *Time*, 20 jan., 1992.

Gregory, A. "Are Women Different and Why are Women Thought to be Different? Theoretical and Methodological Perspectives." *Journal of Business Ethics*, 9:257-266, 1990.

Gutfeld, G. "Ms. Communication (Miscommunication Between Men and Women in the Workplace)." *Men's Health*, v. 11, n. 4, maio, 1996, p. 74.

Haferd, L. "Helping Men, Women Talk to Each Other. Professor Explores the Murky Area of 'Cross-Gender' Communication in Today's Sexually Charged Workplace." *Beacon Journal* (Akron, OH), 12 abr., 1998.

Hotz, R.L. "Changes in Pregnancy May Boost Brain Power." *Los Angeles Times*, 11 nov., 1998.

Johnson, K.L. "The Gender Gap: How to Sell the Opposite Sex." *Broker World*, 11:6, jun., 1991.

Kenton, S.B. "Speaker Credibility in Persuasive Business Communication: A Model Which Explains Gender Differences." *The Journal of Business Communication*, 26:2, 1989.

Lusardi, L.A. "When a Woman Speaks, Does Anybody Listen?" *Working Woman*, jul., 1990.

McCluskey, K.C. "Gender at Work." *Public Management*, v. 79, n. 5, maio, 1997, p.5.

McGinty, S. "How You Speak Shows Where You Rank." *Fortune*, v. 137, n. 2, 2 fev., 1998, p. 156.

Newcombe, N. e Arnkoff, D.B. "Effects of Speech Style and Sex of Speaker on Person Perception." *Journal of Personality and Social Psychology*, n. 8, 1979.

Recer, P. "Women Have a More Emotional Memory, Study Finds", *USA Today*, 23 jul., 2002.

Rosener, J.B. "Ways Women Lead." *Harvard Business Review*, nov.-dez., 1990.

Rubin, R. "MRI Scans Confirm That Men Have Half a Mind Not to Listen." *USA Today*, 29 nov., 2000.

Simons, G. "The Ultimate Cultural Difference – And How to Bridge It." *The International Management Development Review*, v. 4.

Stewart, J.K. "Speaking of Differences; How Gender Influences Effective Communication." *Chicago Tribune*, 9 nov., 1997.

Sullivan, A. "Why Do Men Act the Way They Do?" *Reader's Digest*, set., 2000, reimpresso do *The New York Times Magazine*.

Weisendanger, B. "A Conversation on Conversation With Deborah Tannen." *Sales & Marketing Management*, abr., 1991.

Zielinski, D. "The Gender Gap." *Presentations*, v. 12, n. 8, ago., 1998, pp. 36-42.

Impressão e Acabamento
FARBE DRUCK
gráfica e editora ltda.